# TEATRO
## para ser representado na escola

*Teresa Iturbe*

# TEATRO
## para ser representado na escola

*Tradução:*
Silvia Massimini

MADRAS

Publicado originalmente em espanhol, sob o título *Teatro para representar en la escuela* por Narcea, S.A.
© 2006, Narcea, S. A. de Ediciones
Direitos de edição e tradução para todos os países de língua portuguesa.
Tradução autorizada do espanhol.
© 2007, Madras Editora Ltda.

*Editor*:
Wagner Veneziani Costa

*Produção e Capa*:
Equipe Técnica Madras

*Tradução:*
Silvia Massimini

*Revisão*:
Valéria Oliveira de Morais
Amanda Maria de Carvalho

**CIP-BRASIL. CATALOGAÇÃO-NA-FONTE**
**SINDICATO NACIONAL DOS EDITORES DE LIVROS, RJ**

187t
Iturbe, T.
    Teatro para ser representado na escola/T. Iturbe; tradução Silvia Massimini.
– São Paulo: Madras, 2007.

    Tradução de: Teatro para representar em la escuela
    ISBN 978-85-370-0209-4

    1. Teatro infanto-juvenil (Literatura). 2. Teatro escolar. 3. Teatro na educação. I. Massimini, Silvia. II. Titulo.

07-0895.                                                                                               CDD: 862
                      CDU: 821.134.2-2

20.03.07                       29.03.07                                   000918

Proibida a reprodução total ou parcial desta obra, de qualquer forma ou por qualquer meio eletrônico, mecânico, inclusive por meio de processos xerográficos, incluindo ainda o uso da Internet sem a permissão expressa da Madras Editora, na pessoa de seu editor (Lei nº 9.610, de 19.2.98).

Todos os direitos desta edição, em língua portuguesa, reservados pela

**MADRAS EDITORA LTDA.**
Rua Paulo Gonçalves, 88 — Santana
CEP: 02403-020 — São Paulo/SP
Caixa Postal: 12299 — CEP: 02013-970 — SP
Tel.: (11) 6281-5555/6959-1127 — Fax: (11) 6959-3090
www.madras.com.br

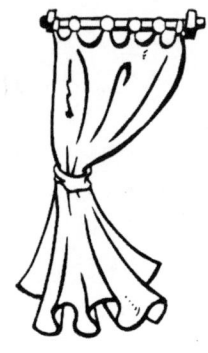
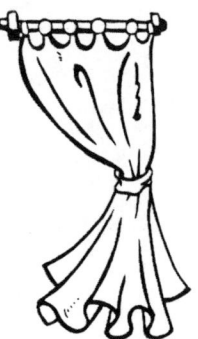

# Índice

Introdução: Fazemos Teatro na Escola ............... 7
Processo para Fazer uma Dramatização ............... 9
O Sentido Transversal do Teatro ............... 9
Atitudes e Valores Desenvolvidos na Dramatização ....... 11
Notas para a Montagem Teatral ............... 16

Dramatização 1: Museu Galáctico ............... 19
   Primeiro Ato: Internet ............... 22
   Segundo Ato: Clonagem ............... 27
   Terceito Ato: Telefone Celular ............... 31

Dramatização 2: Eu Declarei a Guerra? Eu? ............... 41
   Primeiro Ato ............... 43
   Segundo Ato ............... 50
   Terceiro Ato ............... 58

Dramatização 3: Casas Inteligentes. Mais que Eu? ....... 65
   Primeiro Ato ............... 67
   Segundo Ato ............... 78
   Terceiro Ato ............... 86
   Quarto Ato ............... 91

Dramatização 4: Sem Meu Telefone Celular, Não. ....... 95

# Introdução

## Fazemos Teatro na Escola

Desde a publicação, há vários anos, da obra *Pequenas Peças de Teatro na Sala de Aula*,[1] que recompilou algumas peças de teatro escritas a cada ano por ocasião das festividades escolares natalinas, ocorreram vários acontecimentos, relações entre professores e experiências que me motivaram a reunir de novo as peças representadas nesses últimos cursos neste novo livro.

Algumas das peças anteriores podiam ser representadas em qualquer época do ano, já que não se fixavam especialmente no mistério natalino, mas realçavam valores e destacavam temas da atualidade: informáticos, espaciais, efeito 2000, embora a data de representação fosse adaptada com uma ligeira alusão. No entanto, são peças claramente executáveis durante todo o curso escolar, evitando-se as frases ou os motivos que recordam a data e substituindo-os por qualquer outra comemoração significativa.

As peças que este livro agrupa não têm nenhum matiz especial, tampouco se destinam a comemorar alguma festa.

---

1. O livro *Pequenas Peças de Teatro na Sala de Aula*, de Teresa Iturbe, foi lançado no Brasil pela Madras Editora.

Centram-se em acontecimentos e temas da atualidade, tentando ressaltar ou ao menos fazer pensar sobre aspectos e acontecimentos de nossa época. A ironia e um leve matiz de paródia permitem tratar temas sérios de forma cômica, enquanto se produz a reflexão sobre nós mesmos e nosso ambiente.

O maior impulso para esse segundo esforço procede, sem dúvida, dos inúmeros professores que me escreveram ou telefonaram contando-me suas experiências, as peças que haviam escolhido, a maneira como as haviam adaptado a seus alunos e a forma com que haviam resolvido sua montagem, de acordo com as possibilidades de cada escola.

Baseando-se em experiências de muitos profissionais que puderam representar as peças com jovens de diferentes idades, grupos de adultos, de integração ou de compensação, e confirmando com seu esforço a viabilidade e a facilidade, inclusive, de levá-las à cena, assim como sua fácil compreensão e captação pelos alunos e pelo público, nasce este volume com novas peças.

Nesses anos, o teatro como "diversão" ou mera celebração escolar evoluiu até se converter em elemento componente da Programação Geral Anual da Escola, "evento" que supõe um marco no curso, integrado de tal forma que seria difícil prescindir dele.

A dramatização, utilizada como eixo central durante um período no currículo, transcende a sala de aula e congrega todos os setores da comunidade escolar.

A metodologia transcorre desde o início com os alunos na busca de um tema até a conclusão, com a exposição de fotos ou projeções de vídeos emprestados pelas famílias, nos quais se analisam os progressos ou as pequenas falhas que podem ser melhoradas.

## Processo para Fazer uma Dramatização

O processo se inicia mediante a *escolha do tema*, que define a "leitura" atenta do ambiente: meios de comunicação, notícias, acontecimentos, evolução da ciência, aspectos críticos de nossa sociedade. A criação de um laboratório de pesquisa supõe o esforço dos alunos, auxiliados por pais e professores. O laboratório funciona do mesmo modo quando o tema já foi escolhido, pois se entra no seu segundo objetivo, ou seja, a *recompilação de informações sobre o tema*. Aqui estão envolvidas as diferentes matérias segundo os temas escolhidos e debatidos, embora normalmente centrados no âmbito do Conhecimento do Meio.

Ao longo do processo, em qualquer de suas fases, vão se desenvolvendo as diversas matérias transversais, criando atitudes que favoreçam o diálogo, a coordenação, a apresentação oral mediante conversas, debates, colóquios, mesas redondas, ajudando os alunos no difícil aprendizado de escutar, ceder, debater, expor, fundamentar idéias, etc.

## O Sentido Transversal do Teatro

Posteriormente, uma vez desenvolvido, propõe-se uma *leitura dialogada* do texto e este é submetido à *crítica*. A partir desse momento, o centro da dramatização se relaciona basicamente com as matérias de Língua, Artes, Música e Educação Física (psicomotricidade), sempre mantendo como fundo a recordação das matérias transversais.

Aspectos tais como a expressão oral em todas as suas dimensões (vocalização, dicção, tom, entonação, riqueza expressiva, modulação), expressão escrita, estabelecimento de diálogos (ortografia, especialmente pontuação), descrição de cenários, movimentos e personagens concentram os esforços na disciplina de *Língua*, fazendo dela uma matéria essencial para o desenvolvimento da arte, da comunicação e da informação.

A leitura também melhora, porque a entonação, as pausas, os sinais de pontuação adquirem um valor e uma relevância que, às vezes, não se consegue transmitir com facilidade de outra maneira. O mesmo ocorre com a vocalização, a modulação, a valorização do silêncio, etc.

A implicação das disciplinas de *Música* e *Educação Física* na busca, adaptação ou criação e realização das peças adequadas, assim como nas coreografias necessárias, convertem o aprendizado de todas essas matérias em algo vivo, útil e muito atraente. O conhecimento e o domínio do corpo, a expressão corporal em qualquer lugar e momento, saber "o que fazer com as mãos", que para alguns parecem estar sobrando e eles não sabem onde escondê-las, enquanto outros as movem tanto que parecem polvos ou moinhos de vento, são atitudes indispensáveis no ato cênico e dão uma perspectiva nova à disciplina de Educação Física.

A coordenação entre os professores das diversas matérias e os alunos marca o nascimento de uma equipe, de um grupo harmônico no qual a colaboração de todos é essencial.

Passado o ápice do processo, é necessário centrar-se em *Artes*. Começa o projeto do cenário. Inicia-se o desenho, são ampliados os planos, pinta-se, recorta-se, constrói-se, criam-se painéis. O trabalho dos dramaturgos é subdividido em todas as suas atividades. A imaginação criadora e a utilização das diversas técnicas plásticas atingem maior entusiasmo conforme são requeridas ou descartadas, de acordo com o tema da peça.

Posterior ou paralelamente, o mesmo espírito criador e imaginativo deve ser utilizado no desenho e na criação do vestuário.

As oficinas de artes plásticas desenvolvem um amplo trabalho durante um bom tempo. Cada peça requer técnicas diferentes e, assim, em cada curso são escolhidas as mais adequadas dentro das assinaladas para cada idade na programação. Também faz parte das oficinas de artes plásticas o estilismo em todas as suas facetas: cabeleireiro, maquiagem...

## Atitudes e Valores Desenvolvidos na Dramatização

Paralelamente, vão se desenvolvendo tarefas que facilitam a criação de *atitudes e valores*. Talvez o teatro seja uma das poucas atividades em que a memória recupera sua dignidade: aceita-se o esforço de memorização por parte dos alunos sem problema algum, exercitando, assim, algo tão esquecido como difamado. A necessidade de "decorar", introduzir-se em seu papel e, sobretudo, ensaiar, ajudam a desenvolver a equipe.

O ensaio é uma grande escola dos valores mais esquecidos hoje: repetição, paciência, trabalho, depender dos outros, apoio mútuo, monotonia, perseverança, trabalhar para um futuro mais ou menos longo, e não para o momento iminente, esforço em troca de algo posterior e para todos, não "útil" e "material", não em troca de prêmios, dinheiro ou guloseimas, nem mesmo de notas. Os jovens entendem que não é tão fácil nem tão maravilhoso ser artista, que é preciso estudar e trabalhar e que nem sempre se obtém aquilo com que se sonhava. Nesses tempos em que o fácil, o sucesso sem esforço e o desejo de se igualar aos artistas e aos cantores da moda (ídolos atuais) imperam, o conhecimento dessas profissões "vistas de dentro" ajuda a valorizar o trabalho escondido. Todos esses valores aportam um bom grau de maturidade e responsabilidade, de conhecimento de todos. Os efeitos de todo esse trabalho são muitos, importantes para todos e, para alguns, realmente imprescindíveis.

Cabe destacar o desaparecimento de travas, como a gagueira cotidiana de um aluno que, espantosamente, desaparece em cena; a criança hiperativa e com transtornos de conduta tratada psiquiatricamente e que, no entanto, relaxa, atende e trabalha com todos sem causar nenhum problema; a projeção de cada personalidade por meio de seu personagem; a catarse que é vista em cena, etc.

Para muitas crianças, existe um antes e um depois do teatro: para os mais tímidos, basta dar-lhes um primeiro papel no qual interpretem uma pessoa tímida e terão êxito; para o menos decidido, um papel de pouco decidido. Depois da primeira experiência, o êxito faz todo o resto, curando e diminuindo as limitações. Mais tarde, poderão interpretar qualquer papel.

Na hora da distribuição ou criação de "papéis" é quando realmente se trabalha pensando no desenvolvimento e no amadurecimento da criança. A sensação de êxito é necessária junto com o apoio de todos, porque, quando um trabalho depende dos demais, torna todos imprescindíveis. Essas duas sensações são as primeiras que colaboram para criar auto-estima e integração. Se fazemos com que o rejeitado se torne imprescindível e se damos a cada criança um papel adaptado à sua personalidade ou às suas limitações (não algo que tenha de superar tanto que lhe provoque angústia), conseguiremos fazer com que obtenha êxito. O resto virá por si mesmo.

Quando os atores já são conhecidos no palco por suas atuações de anos anteriores e são um pouco maiores (últimos anos do Ensino Fundamental ou do Médio), a distribuição de papéis é resolvida quase sempre por escolha não pessoal ou do professor, mas por um consenso no qual o grupo percebe quem é o ator adequado para cada papel, como acontece às vezes na vida real entre diretores de teatro e cinema. No entanto, existem variações: há papéis que não servem bem para ninguém e o grupo incentiva um aluno em especial, ou ele mesmo propõe o papel a si mesmo como um desafio. Também acontece de, uma vez escolhido o papel, o ator modificar tanto o texto como as marcações cênicas ou isso seja sugerido pelos companheiros, porque necessitam de algo diferente que provoque suas respostas ou seus movimentos no palco.

Os alunos que repetem a experiência de atuar vão apontando novos caminhos ao professor. Assim, aos "experientes" não é preciso dar indicações de vestuário, cenários, entradas e saídas. Os atores vão se apoderando da cena. Vivem a peça e o roteiro inicial cresce e se desenvolve por si mesmo.

Pude constatar essa experiência quando estive por vários anos seguidos com os mesmos alunos. Ver os vídeos de cursos sucessivos ou simplesmente ouvir os comentários do público que conhece bem os atores (pais, professores, colegas, merendeiros) foram me orientando. A experiência do sucesso os liberta e eles podem enfrentar desafios, lutando com papéis nos quais tenham de vencer dificuldades, superar limitações e desenvolver sua personalidade. É, em resumo, uma forma simples de evitar sensações de fracasso, medo ou angústia cênica, medo da vida, definitivamente.

Por outro lado, a busca de temas favorece a introdução nos meios de comunicação, convertendo os alunos em seres que "ouvem" e "vêem" ao seu redor, analisam, criticam ou selecionam. Às vezes, eles descobrem que os meios são muitos e não unicamente a televisão e que os temas que adquirem grande relevância alguns dias, para desaparecer depois em um ritmo qué quase não oferece tempo para seu estudo, são tratados de forma muito diversa nos diferentes meios.

Cabe destacar também que sua experiência como atores, inclusive como cenografistas, dramaturgos, técnicos de som e roteiristas, os converte em público "seleto". A partir dessas experiências, a assistência a teatros, balés ou concertos se modifica muito: desejam assistir, sabem comportar-se, valorizam e são um público crítico. Após cada atividade escolar, sabem tirar experiências, ensinamentos, idéias; converteram-se em um público ativo, participativo.

Nesses últimos anos, desde a publicação de meu livro anterior, a experiência mais impactante foi o êxito que o teatro proporciona na *integração das crianças imigrantes*. As escolas que contam com uma porcentagem entre 30% e 70% de imigrantes nas salas de aula são numerosas. O teatro se converte, assim, em um veículo de aprendizagem mútua de movimentos, ritmos, cadências, línguas e, sobretudo, leva à sua última inter-relação ou intercâmbio de integração de todos os valores anteriormente apontados.

Muitos alunos chegam à Espanha acostumados com uma escola rígida e monótona, com experiências de abandono e separação familiar, ao que se unem o desterro e a mudança cultural, o que os faz passar por um período de introversão, isolamento e tristeza. De tudo isso, "ressurgem" como por arte de magia e arrancam de si mesmos essa outra criança alegre, que é vista rindo pela primeira vez e que se sente unida a todos, já que seu papel não é o de "diferente", como na vida real, mas *todos* têm um papel diferente e o dela é um a mais. O primeiro sorriso de muitas dessas crianças que estiveram longe de seus pais e sofreram esse primeiro desterro, unido ao suposto abandono de seu ambiente para incorporar-se à nossa sociedade, vê-se desde os primeiros ensaios. É uma boa gratificação.

A escolha do tema e seu desenvolvimento posterior trazem descobertas e aprendizagens importantes. Essas experiências me levaram a propor a mim mesma um novo desafio: converter alguns temas essenciais do currículo em peças de teatro.

As peças que aparecem neste livro tratam de temas da atualidade e, por isso, expõem momentos e acontecimentos do final do século XX e início do XXI. Evocação de situações que os alunos viveram, das quais se falou, que serão parte da história (invenções, acontecimentos, situações políticas ou sociais) e que eles poderão recordar e analisar com certa perspectiva, passados alguns anos. Trata-se de construir sua própria história, agora que a vida tomou tal velocidade que se faz história em pouco tempo.

São peças nascidas também como tema central, provocadoras de situações que ajudam a analisar a vida, a estudar história, religião, economia, a procurar na Internet, visitar hemerotecas, assistir a vídeos das redações de telejornais, enfim, facilitar o trabalho em algumas matérias e podem ser introduzidas nos temas transversais.

Nós professores sabemos que, diante de uma representação teatral, os pais se tornam incondicionais, não só colaborando no suporte aos atores (memorização, vestuário), mas também com sua presença e seu aplauso final. Essa realidade é tão forte que às vezes desejamos que esse apoio não surja na mesma proporção quando é requerido tanto seu trabalho e desenvolvimento com as crianças como sua presença na escola para reuniões e entrevistas com os coordenadores.

Constatada essa evidência, recebemos essa oportunidade como objetivo no programa dos professores ao iniciar os alunos na arte dramática: servir de meio para estreitar a relação pais-escola.

## Notas para a Montagem Teatral

Algumas das peças que apresentamos foram pensadas para ser representadas em sua totalidade, enquanto outras podem ser facilmente divididas, já que as cenas são independentes e dependerão da idade e do interesse dos alunos. Em alguns casos, as cenas podem ser inclusive intercambiadas entre as diversas peças, fazendo-se uma seleção entre elas ou modificando o marco em que se realizam, como pode ser feito, por exemplo, com os três atos do *Museu Galáctico* ou *Casas inteligentes. Mais que eu?* e *Sem meu telefone celular, não*.

As peças teatrais que se seguem têm estruturas muito diferentes, mas foram pensadas para poder intercambiar-se entre elas, já que se compõem de atos que podem fazer parte de outras peças distintas em que aparecem e, inclusive, criar novas peças mesclando cenas de várias.

Em muitos casos, os personagens não são especificados, marcando-se as intervenções simplesmente com um sinal, a fim de facilitar a adaptação ao número de alunos e poder assim unir parágrafos, dividi-los ou formar grupos de diferentes características, de acordo com as necessidades.

Embora alguma peça ou algum ato possam parecer longos para os alunos menores, podem ser suprimidos total ou parcialmente sem que o sentido seja alterado.

A adaptação, tanto a diferentes marcos como aos meios e técnicas de que se dispõem, é muito fácil. Buscou-se a simplicidade dos vestuários, dos quais se pode prescindir em quase todas as peças ou confeccioná-los de modo simples. Na maioria dos casos, os cenários são simples fundos com uma mobilidade adequada (podem ser módulos do ginásio), cadeiras e algumas mesas que lembram o teatro moderno, com cenários abertos à imaginação.

APRESENTAMOS A SEGUIR:
- Dramatização 1:  *Museu Galáctico*, composta de
  - Internet
  - Clonagem
  - Telefone Celular
- Dramatização 2:  *Eu declarei a guerra? Eu?*
- Dramatização 3:  *Casas inteligentes. Mais que eu?*
- Dramatização 4:  *Sem meu telefone celular, não.*

# Dramatização 1

## Museu Galáctico

No ano de 5347, inaugura-se em um Museu Galáctico uma exposição temporal sobre um antigo planeta chamado Terra, quando esse planeta estava no século XXI. Os visitantes, procedentes de diversas galáxias, podem contemplar situações, experiências e invenções de tal planeta naquela época.

Utilizando esse motivo, podem ser introduzidas diversas cenas referentes a invenções do século XX, mediante a leitura do catálogo da exposição por parte dos visitantes, que atuam como narradores.

No catálogo, destacam-se alguns dos grandes avanços e os valores que primavam naquela época: velocidade, economia de tempo e espaço, comunicação, informação, moda, cuidados com o corpo, turismo, avanços genéticos, o início do domínio dos robôs, etc.

Os turistas (narradores) são duas famílias procedentes de diferentes galáxias que vão introduzindo as cenas, com o catálogo em mãos.

**Personagens:**
- *Visitante 1*
- *Visitante 2*
- *Visitante 3*
- *Filho*
- *Guia do Museu*

**Cenário:**
- *Interior de um museu. Em algum lugar do palco aparece o seguinte cartaz:*

> Grande Exposição-Espetáculo
> De 18 de dezembro de 5346
> a 7 de janeiro de 5347
> Retrospectivas especiais sobre
> o Planeta Terra por volta do ano 2000

(*Os visitantes entram pelos dois lados do palco*).

**Visitante 1**: Oi, tudo bem? Vocês vão entrar?

**Visitante 2**: Sim, queria mostrar a meu filho como era e como viviam no Planeta Terra há três mil anos.

**Visitante 3**: Eu também tenho interesse, ouvi dizer que é uma exposição-espetáculo muito boa.

**Visitante 1**: E de onde vocês vêm?

**Visitante 2**: Somos atmosfianos, do Planeta Atmosfiano.

**Visitante 3**: E você?

**Visitante 1**: Eu sou orbitana, do Planeta Orbital.

**Visitante 2**: Muito prazer.

**Visitante 3**: O prazer é meu. Entramos?

**Visitante 1**: Sim, sim, vamos entrar.

**Guia do Museu**: Bem-vindos ao Museu Galáctico. Nessa visita, vocês poderão desfrutar de várias cenas que lhes permitirão conhecer o Planeta Terra. O museu é interativo, portanto selecionem vocês mesmos o que quiserem ver. Vocês têm à sua disposição catálogos explicativos. Eu também estou à disposição para o que necessitarem. Espero que aproveitem.

**Visitante 1**: Vamos pegar o catálogo para ver o que diz.

(*Pegam o catálogo e começam a ler*).

**Visitante 2**: Venha aqui, eu leio para você: "Entre o ano 1000 e o 2000, a vida mudou totalmente no Planeta Terra. Por volta do ano 2000, *tudo* se avaliava segundo a *velocidade*. Tudo era mais valioso se pudesse ser feito no menor tempo possível. Economizar *tempo* era um grande valor".

**Visitante 3**: "Também era muito importante que tanto as coisas como as idéias ocupassem o mínimo possível. Economizar *espaço* era outro grande valor. Para não dizer do grande valor: a *comunicação*. Todos tinham de saber o mesmo ao mesmo tempo e falar com todo o mundo e saber onde cada um estava em todos os momentos".

**Visitante 2**: Ufa! Uma agonia! Não havia intimidade, porque tudo tinha de ser fotografado ou guardado em vídeo, CD ou DVD; grampeavam os telefones uns dos outros para se informar de tudo o que se falava... não havia tempo livre, tudo estava ocupado, estruturado, não havia espaço para correr, passear, mover-se nas casas...

**Filho**: Estou ficando agoniado, papai, que horror!

**Visitante 1**: Deixe, eu continuo: "E não se pode esquecer de algo que chamaram *moda*. As coisas eram utilizadas ou jogadas fora não porque funcionassem ou fossem úteis, estragassem ou fossem inúteis, mas porque não tinham a forma exigida pela moda, não tinham um desenhinho que era a marca. Não arrumavam nada, usavam e jogavam fora. Por isso, destruíram seu planeta e quase estiveram a ponto de destruir toda a galáxia".

**Guia**: Em seguida, vocês presenciarão um espetáculo em três atos representativos de algum aspecto dessa época".

**Visitante 3**: Você se informou bem?

**Visitante 1**: Sim, sim, vamos vê-lo.

## Primeiro Ato:
## Internet

Um dos grandes avanços, a Internet, se apresenta como a grande ilusão de comunicação e união entre todos, mas pode levar ao paradoxo de se relacionar e "conhecer" pessoas do outro lado do mundo enquanto conduz à solidão do próprio quarto, sem jogos nem parques, chegando ao desconhecimento de amigos, vizinhos e colegas de classe.

A cena é apresentada com um painel ou biombo imitando uma parede que separa dois apartamentos e que coincide com os quartos de duas crianças com seus computadores. A chegada de ambas a seus quartos, procedentes do colégio (entrando por ambos os lados do palco) e dirigindo-se ansiosamente ao computador, dá lugar ao começo de um diálogo no qual eles expressam o desejo de ter alguém com quem falar e relacionar-se.

A conversa gira em torno de seus problemas, de coisas das quais se informaram ou de acontecimentos escolares. Casualmente, nesse dia começam a coincidir em aspectos como seu time de futebol, cantores ou artistas preferidos, sua cidade, seu colégio, seus professores, seu curso, sua rua... até suspeitarem de que são colegas de colégio e vizinhos. A cena termina com a decisão de descer à rua para se encontrarem. Nesse momento, comprovam que se conhecem, que passam o dia inteiro juntos, que podem se relacionar e brincar. Estavam juntos e "separados", e acreditavam estar unidos por uma máquina quando na verdade estavam próximos.

**Personagens:**
- *Narrador*
- *Dois meninos ou duas meninas*

**Cenário:**
- *Dois quartos de duas casas separadas por uma parede.*

**Visitante-narrador**: (*Lendo o catálogo*). Uma invenção chamada Internet, que eles achavam que servia para unir a todos, para comunicar-se com todo o mundo, para conversar, para se distrair com quem quisesse, para aproximar as pessoas, mas que, às vezes, os levou a não conhecerem os vizinhos e colegas de classe.

(*Entram dois meninos, um por cada lado do palco*).

**Menino 1**: Ainda bem! Estava morto de vontade de chegar em casa e jogar com meu amigo Jorge.

**Menino 2**: É lógico que Adriano chegou antes que eu. Vou mandar-lhe um *e-mail*.

**Menino 1**: (*Liga o computador*). Ganhei de você, Jorge, e isso porque estou supercansado. Menino, esse negócio de apertar o botão do elevador é tão cansativo!

**Menino 2**: Em minha vizinhança, acho que vão mudar o sistema, querem colocar um elevador que obedeça à voz.

**Menino 1**: Na minha também estão pensando nisso, mas eu acho que provavelmente vão colocar um desses em que você põe o olho e ele funciona com a sua íris.

**Menino 2**: Olhe, isso seria melhor porque também esse negócio da voz, ter de falar...!

**Menino 1**: Bom, menino, logo vamos ver. Estava com vontade de falar com você. Sabe, eu me sinto só, às vezes, quando não posso conectar-me com você.

**Menino 2**: Eu também, ainda bem que nos conectamos. É tão incrível ter um amigo!

**Menino 1**: É verdade! Poder falar com alguém, contar a ele as coisas que você faz e do que você gosta...

**Menino 2**: E discutir!

**Menino 1**: E jogar! Porque a partida de ontem foi muito boa.

**Menino 2**: Sim, eu ficava muito entediado antes de conhecer você.

**Menino 1**: Pois bem, minhas notas melhoraram desde que eu posso lhe perguntar e você me ajuda.

**Menino 2**: Lógico, para isso é que servem os amigos. A propósito, o que fazemos primeiro hoje: a lição ou a partida?

**Menino 1**: Acho que a lição, porque esta semana tenho prova e eu queria que você me ajudasse a estudar.

**Menino 2**: Você tem razão. Eu, como já estou na terceira série, tenho mais trabalho.

**Menino 1**: Você está na terceira? Eu também.

**Menino 2**: É? Quantos anos você tem?

**Menino 1**: Oito.

**Menino 2**: Eu também!

**Menino 1**: Então, vamos começar por isso, pois na sexta-feira tenho prova de conhecimentos gerais, matemática e língua.

**Menino 2**: Na sexta? As minhas também são nesse dia.

**Menino 1**: Estamos no capítulo 5, em todas as matérias.

**Menino 2**: Ah, nós também.

**Menino 1**: A minha professora, Teresa, me disse que...

**Menino 2**: A sua professora se chama Teresa?

**Menino 1**: Sim.

**Menino 2**: A minha também. É a professora da terceira série do colégio... (*nome da escola*).

**Menino 1**: Que escola você disse?

**Menino 2**: Seu computador está falhando? No colégio... (*nome da escola*).

**Menino 1**: Mas... mas, meu colégio também se chama assim!

**Menino 2**: Jura? Nosso colégio e nossa professora têm os mesmos nomes!

**Menino 1**: Sim, mas deve ser outro, eu moro em... (*nome do bairro ou da cidade*)

**Menino 2**: Não brinque! Eu também.

**Menino 1**: Não acredito.

**Menino 2**: É verdade, é verdade, eu sou do... (*nome do clube esportivo, fã-clube, etc.*).

**Menino 1**: Ah, vá! Eu também sou sócio.

**Menino 2**: Meu colégio é muito próximo do estádio, fica na rua... (*nome da rua da escola*).

**Menino 1**: Mas é o meu, na rua... (*nome da rua da escola*).

**Menino 2**: Vamos ao mesmo colégio e temos a mesma professora?

**Menino 1**: E o mesmo curso?

**Menino 2**: Ai, ai... veja você... e onde você mora?

**Menino 1**: Em... (*nome de uma rua perto da escola*).

**Menino 2**: Como? Repita, repita.

**Menino 1**: Em... (*nome e número da rua*).

**Menino 2**: Caramba! Esse é meu prédio!

**Menino 1**: Escute, desligue esse computador e desça até a portaria.

**Menino 2**: Já vou, já vou.

(*Saem correndo e se esbarram*).

**Menino 1**: É você? Jorge, o da minha classe?

**Menino 2**: É você? Adriano, o da minha classe?

**Meninos 1 e 2**: E... somos vizinhos!

(*E desmaiam*).

## Segundo Ato:
## Clonagem

O catálogo mostra a felicidade dos terráqueos quando descobriram o modo de selecionar e tornar-se bonitos, altos, inteligentes... a seleção da espécie.

Diante de tal maravilha, um grupo de crianças que vai nascer visita a ovelha Dolly, famosa na época por ser o primeiro ser vivo clonado. Mantém uma conversa com Dolly (com várias Dollys, na verdade) com a pretensão de se informarem sobre as condições necessárias para serem clonados e assim poderem escolher seu aspecto físico, e também as qualidades que os levem a determinadas profissões. Também esperam poder livrar-se do incômodo de ter pais que perturbam tanto.

Ao longo da entrevista, as ovelhas vão lhes mostrando os inconvenientes que o ser clonado pode trazer-lhes e, sobretudo, ressaltam a maravilha de ter pais e ser uma pessoa *única, diferente de todos*, e a pouca importância que têm essas coisas que eles consideram valores, como ser famosos, o aspecto físico (alto, magro, bonito, etc.).

No final, convencidas por Dolly e seus clones, as crianças decidem procurar pais para nascer e ser "elas mesmas", "ameaçando" o mundo, o público neste caso, dizendo que se preparem, porque *eles* vão nascer, "os diferentes", "os livres de modas e marcas", "os sem desenho".

**Personagens:**
- M = Meninos e meninas
- Ovelha Dolly e seus clones

**Cenário:** *Granja.*

**Visitante-narrador:** (*Lendo o catálogo*). Um maravilhoso avanço científico: a **clonagem**. Serviu para selecionar o melhor da espécie e tornar todos bonitos, inteligentes, vencedores... bem, iguais em tudo. Ainda bem que alguns não aceitaram.

**M:** Oi, Dolly.

**Ovelha Dolly e seus clones:** Oi... (*imitando balidos*).

**M:** Quando dizemos "Dolly", todas respondem?

**Ovelha Dolly e seus clones:** O que você quer? Como sabemos com quem você quer falar?

**M:** Bom, dá na mesma, viemos pedir uns conselhos.

**Ovelha Dolly e seus clones:** Para nós?

**M:** Sim, somos crianças que vão nascer e queríamos saber o que devemos fazer para ser clônicos.

**Ovelha Dolly e seus clones:** Vocês querem ser clônicos?

**M:** Claro, queremos ser lindos, inteligentes, famosos. Agora já se pode escolher!

– Eu quero ser top-model.

– E eu, jogador de futebol.

– Eu, rica.

– Além disso, não queremos ter pais que nos perturbem.

– Nem repetir de ano.

– Nem ter nada de esquisito, para que os outros se aproximem de nós.

– Você já imaginou, ser a mais bonita do colégio, andar na moda, aparecer na televisão, viajar...?

– Ter muitíssimo dinheiro, mansões, carros...

– Que comprem suas músicas por milhões e milhões.

– Milhares de fãs.

– Sim, porque eu não me importaria de ser cantor.
– Eu seria até cientista ou prêmio Nobel.
– Até político, mas aquele que ganha, lógico.

**Ovelha Dolly e seus clones**: Mas vocês são tontos ou o quê?
– Se todos vocês fossem jogadores de futebol, quem iria se interessar?
– Se todos vocês fossem altos, magros, loiros e não sei mais o quê, quem iria querer tirar fotos de vocês? Bastaria uma só, e depois tirariam cópias.
– Vocês não sabem como é difícil ser igual aos outros!
– Como é bonito ser diferente de todos!
– Que digam seu nome e você sabe que é você, *você*, entende?
– Mesmo que seja para levar uma bronca.
– E que as suas notas sejam as suas, mesmo que você repita de ano, mas a repetência é sua, *sua*. Entende?
– E ter pai e mãe, isso é o melhor. Pais que cuidem de você, que amem você, que briguem com você, que você pode fazer felizes...
– E não ser um rebanho! O que eu daria para não ser parte de um rebanho!
– Bem, não exagere. Você, mesmo que não fosse clônica, sempre seria parte de um rebanho.
– Isso é verdade! Bem... (*desiludida*).
– Não sejam tontos!
– A televisão e as pessoas só nos vêem como coisas raras.
– Mas ninguém nos ama de verdade.
– Não somos de ninguém. Sabem como é importante pertencer a alguém?

– Ter um nome, um sobrenome, pais, irmãos, uma rua, brinquedos... só seus. Diferente de todos?
**M**: Talvez vocês tenham razão.
**Ovelha Dolly e seus clones**: Claro que temos!
**M**: Eu entendi.
– O mais importante é ser único.
– Que não existe ninguém como eu.
– Ser eu, eu, eu, eu.
– Lá vai ele! Pendurado por uma corda que sobe e desce.
– Vou buscar para mim um pai e uma mãe.
– E não me importo se eu for feio.

– Eu também não, se não for magra.
– Nem eu, se não for o melhor no futebol.
– E se não me escolherem para um programa de TV.

**Ovelha Dolly e seus clones:** Você deve inventar outra coisa na qual seja o melhor.

– Sempre há algo que nós sabemos fazer e os demais, não.

**Todas as crianças:** (*Dirigindo-se ao público*). Mundo, prepare-se que vão nascer os *diferentes*, os *sem moda*, os *sem desenho*. Vamos ser como quisermos, gordos ou magros, vamos brincar do que quisermos, vamos vestir o que nos agradar. Entendeu, mundo? O que nos agradar, e não o que você queira que coloquemos. Entendido?

## Terceiro Ato:
## Telefone Celular

Talvez o celular apareça no catálogo como a estrela do museu. Esse artefato se apresenta como o grande meio que uniu a todos, permitiu-lhes estar perto daqueles de quem gostavam, saber a todo momento onde estava todo mundo, controlar-se, enganar-se. Enfim, valores e abusos.

A cena "parodia" a vida de uma família na qual a febre do celular chegou a tal ponto que só falavam utilizando o aparelho, mesmo quando todos estavam presentes e se vendo. Assim, não apenas se dirigem um ao outro mediante o telefone, inclusive na hora da refeição, mas também reagem continuamente diante do toque de um celular, pegando o seu e repetindo frases que tanto ouvimos em qualquer lugar público: "É o meu! Não, é o meu!".

Alternam-se conversas familiares com chamadas externas, caixa postal, chamadas em espera, chegando ao cúmulo da felicidade quando a família, os avós, pais, filhos, comprovam que o bebê também já sabe utilizar o telefone, e com isso se torna adulto, já sabe ligar para a mamãe, o papai. Todas já podem "relacionar-se e conversar em família, que é o que importa em todas as famílias", como a mãe conclui em seu monólogo final.

**Personagens:**
- *Pai*
- *Mãe*
- *Avô*
- *Avó*
- *Menino*
- *Menina*

**Cenário:** *Casa familiar.*

**Visitante-narrador**: (*Lendo o catálogo*). A última invenção que apresentamos nesse espetáculo é um artefato chamado celular, que *uniu a todos* e *permitiu estar perto de todos de quem se gostava*. Só que, às vezes, ocorreu o que vocês vão ver.

**Pai**: (*Colocando a mesa, dando ordens, com o telefone no ouvido*). Sim, querida; claro, querida; como não, querida; como você quiser, querida...

**Mãe**: (*Entra falando pelo celular*). É muito tarde, já devíamos estar jantando, não entendo por que você é tão lerdo, mas... coloque direito esses pratos!

(*Todos mantêm o diálogo pelos celulares, embora nunca se dirijam diretamente a quem está falando*).

**Pai**: Mas, mulher, o que importa como estão?

**Mãe**: Nada disso, a ordem é importante. Você pegou a menina na aula de balé?

**Pai**: Claro, está estudando. E o menino?

**Mãe:** Ficou falando com um amigo no portão. E o bebê?
**Pai:** Em seu berço, dormindo tranqüilo.
**Mãe:** Certo, termine aqui, eu vou trocar de roupa. (*Os dois desligam*).

(*Antes que ela saia, toca um telefone. Os dois pegam os seus*).

**Mãe:** É o meu?
**Pai:** Não, é o meu. Alô? Oi, vovô, não, não falta muito para o jantar. Ah! Você já está no corredor, que bom!
**Mãe:** (*Disca*). Vitória, pare de estudar e venha jantar.
**Menina:** Já estava vindo, mamãe. (*Entra falando pelo celular com a mãe. As duas desligam*).

(*O menino entra discando, enquanto o telefone da mãe toca. O pai e a mãe fazem o gesto de pegá-lo*).

**Mãe:** É o meu.
**Pai:** É o meu.
**Mãe:** Alô?
**Menino:** (*Falando pelo celular*). Oi, mamãe, já estou aqui. Onde deixo os pacotes?
**Mãe:** Na cozinha. E lave as mãos e venha jantar (*O menino e a mãe desligam*).

(*Vão se sentando em silêncio. Ficam sentados o pai, a mãe, o menino e a menina em silêncio, olhando um para o outro, olhando para os lados. Toca um telefone, todos se atiram ao seu*).

**Mãe:** É o meu.
**Pai:** Não, é o meu.

**Menino**: Eu atendo, é o meu.
**Menina**: É para mim.
(*Pai, mãe e filho ficam desiludidos*).
**Menina**: Sim? Alô, vovô. Não está encontrando a vovó? Vovô, olhe no banheiro, sim, certo, eu espero para ver se você a encontra.
(*O telefone toca; os restantes o pegam*).
**Pai**: O meu.
**Mãe**: O meu.
**Menino**: O meu.
(*O pai e a mãe o abandonam, tristes*).
**Menino**: Oi, vovó, nós estamos procurando você. Ah! Você está no banheiro? Precisa de papel higiênico? Já vou levar. (*Sai da cena, levando o papel*).
(*Ao mesmo tempo, a menina fala com o avô*).
**Menina**: Vovô, a vovó está no banheiro e precisa de papel. A vovó. Jaime já foi, é para você vir jantar. (*Desliga*).
(*A mãe disca o número do pai. A menina também disca o número do pai, mas dá ocupado, já que ele está falando com a mãe. Tocam dois telefones*).
**Pai**: É o meu. (*Atende*). Alô?
**Mãe**: Estou ficando nervosa, estamos nos atrasando e eu quero ver o filme.
**Pai**: E o que você quer que eu faça? São seus pais, fale você com eles.
**Menina**: Ah, ocupado, para que existe o aviso de chamada?

**Pai:** Espere, que estão me ligando. Alô?

**Menina:** Papai, você não pára de falar, nós vamos jantar ou não? Tenho muita lição de casa.

**Pai:** Espere os seus avós chegarem, aprenda a ter um pouco de paciência.

**Menina:** 'Tá bom... (*Desliga*).

**Pai:** (*Volta a falar com a mãe, que estava na espera*). Era a menina. Olhe, querida, ligue para a sua mãe e fale sério.

**Mãe:** (*Desliga e liga de novo*). Vovó, você quer vir agora?

**Avó:** (*Entrando e falando pelo telefone*). Já estou aqui. Se você telefonasse antes, eu chegaria na hora. Além disso, passei para ver o bebê (*Senta-se em silêncio e desliga*).

(*O menino voltou e está sentado. Todos se olham em silêncio. Tocam dois telefones*).

**Todos:** É o meu, é o meu.

**Avó:** Mas, querido, onde você está? No corredor? Ainda bem, estava começando a ficar nervosa.

**Avô:** (*Entrando e falando pelo telefone*). Nervosa, que cara-de-pau! Eu estava procurando por toda a casa e você aí, tranqüila, comendo a minha comida!

**Avó:** Mas eu achava que você já tinha vindo.

**Avô:** Ah! Você se escondeu de propósito, para se sentar no meu lugar.

**Avó:** Nada disso, isso é o que você pensa. Fui ver o bebê. Que homem! Você sempre tem de saber onde eu estou? Pois nada disso!

**Avô:** Faladeira!

**Avó:** Rabugento!

(*Fazem gestos de continuar a insultar-se pelo telefone e depois desligam. Todos se sentam e comem em silêncio. Os telefones tocam*).

**Todos**: É o meu.

**Avô**: Menina, me passe o pão. (*Desliga*).

**Avó**: Jaime, filho, você traz minhas pílulas?

**Menina**: Tome, vovô (*Desliga*).

**Menino**: (*Levanta-se e se aproxima deles*). Tome, vovó. Espere que eu tenho uma ligação.

**Pai**: Jaime, como foi a prova?

**Menino**: Bem, papai, acho que eu vou passar. Espere, eu estava falando com a vovó. Vovó, você quer mais alguma coisa?

**Avó**: Não, filho, obrigada (*Desliga*).

(*Toca o telefone. Todos fazem o gesto de atendê-lo*).

**Menina**: Alô?

**Mãe**: Vitória, ligue a televisão que o filme já vai começar.

**Menina**: Mas, mamãe, esse filme é uma chatice.

**Mãe**: Obedeça e ligue, espere que estão me telefonando. Alô?

**Avô**: Ei, posso comer pimenta?

**Mãe**: Não, vovô, o médico proibiu.

**Avô**: Para que eu fui perguntar... (*Desliga*).

**Mãe**: Vitória, quer ligar a televisão de uma vez por todas? (*Desliga*).

**Menina**: Está bem. Mas eu vou para o meu quarto assistir ao meu seriado. (*Desliga*).

(*Tocam todos os telefones*).

**Todos**: É o meu, é o meu. Não, espere, é o meu. (*Todos atendem*).

**Avó**: Alô? Oi, Rosana, nem lhe conto, queria falar com você... não, não estou ocupada, estava acabando de jantar. (*Vai saindo enquanto fala*).

**Avô**: Alô? Ah, claro que vou ver o jogo, estou saindo agora mesmo (*Sai falando*).

**Menina**: Alô? Carmem! Que alegria! Claro que vou, sim, se deixarem, bom, vou deixar o recado na caixa postal e, quando virem, já estarei na sua casa (*Sai falando*).

**Menino**: Alô? Oi, Miki, vamos falar pela Internet que é melhor, quero ver como ficaram os óculos, me envie uma imagem. (*Sai falando*).

**Pai**: Germano? Ainda bem, passei o dia inteiro deixando recados na caixa postal, espere que eu vou mudar de quarto, porque aqui não há sinal. (*Sai falando*).

**Mãe**: Alô? Que emoção! Repita, minha vida, repita, que emoção! Meu bebê já sabe usar o telefone, ligou para mim, já é um moço. Muito bem, querido! Muito bem! Oh! Meu bebê ligou para sua mamãe. Porque eu fui a primeira, não é? Telefonou para mim primeiro, sabe que o botão branco é o da mamãe. Querido, agora aperte o botão vermelho para ligar para o papai, depois o azul, que é o do vovô, o verde é da vovó, o amarelo, do seu irmão, o laranja, de sua irmã... e depois volte a apertar o branco da mamãe e torne a me ligar, coração! Já sabe usar o telefone! Toda a família já pode estar unida e se comunicar e conversar, sobretudo conversar, que é o mais importante na família!

**Visitante 1**: Você gostou?

**Visitante 2**: Sim, mas em algumas coisas eram um pouco tontos.

**Visitante 1**: Bem, não em tudo, sabia? E graças a isso conseguiram salvar alguma coisa do planeta.

**Guia do Museu:** Senhores visitantes, o espetáculo terminou. Gostaríamos que, quando cada um fosse embora para o seu respectivo planeta, levasse as pesquisas que preparamos para que nos indiquem sua opinião.

(*Ao mesmo tempo que lê isso, aparece no palco escrito em um cartaz ou projetado, o seguinte texto*):

Gostaríamos de saber se vocês acham que os terráqueos do ano 2000 eram mais felizes ou não com as mudanças que haviam introduzido em sua vida.

Vocês acreditam que eles conheciam muita gente ou, pelo contrário, o que aconteceu é que deixaram de conhecer todos, inclusive os que estavam ao seu lado?

Se vocês acreditam que eles iam a muito mais lugares ou não conheciam nenhum lugar porque não paravam para aproveitar.

Se, de tanto usar e jogar e guardar tudo em *chips*, foram ficando sem lembranças.

Agradecemos por sua visita e colaboração e lhes esperamos proximamente em uma nova exposição sobre o maravilhoso Planeta Terra.

# Dramatização 2

# Eu Declarei a Guerra? Eu?

A peça é ambientada em um parque ou zona comum de lazer de um hipotético condomínio moderno. O narrador apresenta o bairro refletindo sobre a boa vizinhança de todos e apresentando as diversas famílias que ali vivem: um grupo de vizinhos de diferente origem racial e/ou religiosa convivem em harmonia.

Para não ferir suscetibilidades nem tocar em temas religiosos ou raciais, cada família se diferencia por seu vestuário. Assim, as famílias, chamadas simplesmente de A, B, C e D, mantêm os nomes de batismo de seus membros e se vestem com uma cor (A = verde, B = vermelho, C = azul, D = amarelo), o que facilita a identificação de amigos e inimigos em cena.

As cores e a posição de cada personagem em seu âmbito familiar tornam fácil variar e adaptar a peça de acordo com o número de personagens. Mantendo unicamente a cor como base, a distribuição de papéis pode mudar facilmente.

Durante toda a peça, toca a música do filme *Guerra nas Estrelas* e tenta-se fazer um jogo de luzes, dando a sensação de bombardeios ou, simplesmente, de temor e confusão.

**Personagens:**
- *Narrador*
- *Família A*
- *Família B*
- *Família C*
- *Família D*

**Música:**
*Guerra nas Estrelas*

**Cenário:** *Zona ajardinada com portas de casas em cada canto do palco.*

**Narrador**: Sabemos que a guerra é uma coisa muito séria, mas hoje decidimos fazer uma pequena brincadeira. Pensamos que, nas guerras de hoje, podem acontecer coisas como essa.

Essa história que vocês vão ver e escutar aconteceu em um país não muito distante. Em um tranqüilo condomínio dos arredores de uma cidade qualquer, vivia um grupo de famílias em seus preciosos apartamentos e sobrados geminados. Todos tinham benefícios e até uma bela zona ajardinada em que se reuniam como se fosse a praça de sua cidade.

Ali viviam tranqüilos nossos protagonistas, em paz e harmonia, como corresponde a bons vizinhos. Vou apresentá-los:

(*Dos cantos do palco, cada família vai saindo de suas casas, conforme são chamadas, e cada membro é apresentado com seu próprio nome*).

- Família A: mãe..., dois filhos... ... e avó... (vestidos de verde)
- Família B: pai..., mãe..., avô..., filha... (vestidos de vermelho)
- Família C: pai..., mãe..., três filhos... ... ... (vestidos de azul)
- Família D: pai..., mãe..., dois filhos... ... (vestidos de amarelo).

A história começa assim: um dia, como outro qualquer, estavam nos jardins passando a tarde.

## Primeiro Ato

No primeiro ato, essa tranqüilidade é interrompida pelo aviso de um vizinho que anuncia o estado de guerra. A perturbação é total e todos juntos tentam enfrentar a dura situação. A decisão final é dirigir-se ao abrigo, em direção ao qual vão arrastando os que não querem ir e fazendo calar as crianças, que querem saber o que é um abrigo. Apenas o presidente da comunidade (Pai D) se opõe, mas não é atendido, por mais que tente intervir.

O palco fica vazio com a saída precipitada de todos para o abrigo, não dando ouvidos ao presidente, que fica sozinho, resignando-se pela falta de atenção que dão a ele e esperando que regressem porque, afinal, o que ele tentou dizer era que o condomínio não dispunha de abrigo.

Depois de alguns momentos de música, produz-se o regresso dos vizinhos, abatidos e frustrados diante da falta de refúgio. Rapidamente, dirigem sua fúria ao presidente, ao qual acusam de não tê-los avisado, e à Administração e à Prefeitura, que em pleno século XXI não lhes ofereceu esse serviço. Em meio às discussões e perguntas constantes das crianças a respeito do abrigo, eles se dão conta de que não sabem quem está em guerra, nem contra quem. Todos vão descobrindo que não sabem quem declarou a guerra, se eles devem atacar ou se defender, o motivo, etc. Sabem apenas que a televisão disse isso. Sentem-se ridículos por serem os últimos a saber, em razão do que se dirigem as suas casas para informar-se pelo rádio, pela TV, Internet, telefonando aos partidos políticos, etc.

(*Zona ajardinada com piscina. Grupo de crianças brincando e mães A, B e C, avô B e crianças A, B, C, D nos bancos ou passeando com cachorros de pelúcia*).

**Mãe A**: Esta tarde é a festa de aniversário de (*nome da menina B*) e tenho de levar (*nome dos meninos A*), mas isso será ruim pra mim, porque eu tenho reunião no trabalho. Tinha de ser logo hoje?!

**Mãe C**: Não se preocupe, os meus também foram convidados, mas o pai de (*nome dos meninos D*) vai levá-los. Pode levar também os seus, ele é sempre muito amável e prestativo.

**Mãe A**: Ufa! Que alívio! Vou telefonar a ele para pedir-lhe esse favor, eu já não sabia o que fazer.

(*O pai C sai de uma porta*).

**Pai C**: (*Entrando*) Vocês viram o (*nome do pai D*)? Queria que ele me emprestasse o cortador de grama, porque o meu quebrou.

**Pai B**: (*Entrando*). Eu posso emprestar-lhe o meu, embora não seja tão bom.

**Pai C**: Muito obrigado, meu jardim está parecendo uma selva, qualquer dia haverá macacos nele. Eu lhe devolvo amanhã, certo?

(*Sai; entra a mãe D e se dirige às mães A, B e C, que estão sentadas no parque*).

**Mãe D**: Ah, como vocês estão bem, que inveja!! Estou tão atrapalhada! Vim devolver o açúcar que você me emprestou ontem. Você salvou a minha vida!

**Mãe B**: Mulher, esqueça, é uma miséria. Além do mais, é para isso que servem os vizinhos.

(*Entram pai D, menino A, menina C, avó A*).

**Pai D:** Tchan-tchan-tchan! Aqui estamos. Conseguimos! Temos permissão da Prefeitura para organizar a festa.

**Menino A**: Nós nos encarregamos da música. Vamos entrar em um acordo (*Gesto dos meninos tocando as mãos*).

**Menina C**: Haverá um concurso de danças de nossas nações de origem.

**Avó A**: A comida ficará a cargo de todos, coisas típicas de cada país. Eu serei a coordenadora, pois gosto muito de cozinhar.

(*Aparece o menino C dando gritos*).

**Menino C**: Guerra! Guerra! Estamos em guerra!

**Todos**: O quê?

**Todos**: Como?

**Pai D:** (*Olhando para o céu*). Não vejo nenhum avião nem bombas caindo.

**Pai C:** Daqui a pouco veremos e então será tarde.

**Mãe D**: Será por terra?

**Mãe A**: Em todo caso, vamos embora...

**Mãe C**: Rápido, pegue as crianças, vamos para casa.

**Mãe B:** Não, não, vamos para o abrigo.
**Pai B:** Isso, isso, para o abrigo.
**Pai D:** Ouçam, mas se... (*Não dão atenção a ele*).
**Menino C:** Todos para o abrigo.
**Mãe A:** Vamos levar comida e tudo o que seja necessário; cada família deve se encarregar de uma coisa.
**Menino A:** Mamãe, o que é um abrigo?
**Mãe A:** Quieto, menino, não é hora de adquirir cultura, fique calado e corra.
**Menino A:** Mas... o que é um abrigo?
**Mãe A:** Diacho de menino, fique quieto e corra. Vou dizer! Este quer ser culto!
**Pai D:** Mas, ouçam, se é que... (*Correm em todas as direções sem dar atenção a ele*).
**Mãe B:** Ei, esquecemos o vovô.
**Menino D:** E o cachorro, o cachorro, quero levar o cachorro.
**Mãe D:** Venha você, solte o cachorro.
**Pai D:** Ouçam, eu quero dizer...
**Mãe C:** Homem, não temos tempo para conferências. (*Continuam sem dar atenção a ele*).
**Mãe B:** Eu pego os avós, segure o menino (*Dirigindo-se ao pai B*).
**Menino A:** Mas eu quero saber o que é um abrigo.
**Menina A:** Eu também.
**Mãe A:** Alguém pode calar essas crianças?
**Mãe C:** Não sejam chatos, vocês já vão ver o que é um abrigo.
**Pai B:** Vocês vão ter bastante tempo para ver o que é um abrigo!

**Crianças:** Viva, viva, vamos para o abrigo!
**Menina B:** Posso levar o *videogame*?
**Avó A:** Mas pode-se saber para onde vamos?
**Todos:** Para o abrigo!
**Avô B:** Ah, não, eu não vou para o abrigo.
**Mãe C:** Como não?
**Avô B:** Não indo.
**Avó:** Vocês não vão me meter aí.
(*Todos empurram os avós. Por fim, vão saindo discutindo e atropelando-se*).
**Pai D:** Ouçam...
(*Não lhe dão atenção e ele fica sozinho no palco*).
**Pai D:** Bom, eles já vão voltar, porque não temos abrigo...
(*Faz-se silêncio na cena. Começam a entrar devagar*).
**Mãe A:** Mas então ninguém se deu conta de que não temos abrigo?
**Mãe C:** E você, não é o chefe da comunidade? Por que não nos disse?
**Mãe B:** O mesmo digo eu, inútil! Temos de despedi-lo.
**Pai D:** Mas se eu...
**Pai C:** Você só quer o cargo para aparecer.
**Pai D:** Mas se eu...
**Pai B:** E você, por que disse para irmos ao abrigo?
**Mãe B:** Ah, sei lá, dizem isso nos filmes...
**Mãe A:** Sim, mas nos filmes eles têm abrigo e nós não temos!

**Mãe C:** Passa pela cabeça de alguém não ter abrigo nestes dias?

**Mãe D:** Só pela nossa!

**Pai C:** Claro, e pela do nosso condomínio. A primeira coisa que vamos fazer é apresentar uma queixa contra a Administração.

**Mãe A:** Sem dúvida, nesses tempos, um condomínio sem abrigo! Onde já se viu?

**Mãe C:** Pois eu acho que devíamos processar a Prefeitura. Um abrigo é um serviço municipal!

**Pai B:** Isso, isso! Vamos processar todos.

**Menino C:** O que é uma queixa... e um processo?

**Menino A:** Mas o que é um abrigo?

**Pai D:** Valha-me! É algo que não existe.

**Menina B:** E se não existe, por que íamos ao abrigo?

**Pai B:** Porque a sua mãe falou para irmos.

**Mãe B:** Ah, agora a culpa é minha, não é? Bem que vocês estavam todos correndo para o refúgio.

(*Todos discutem entre si ao mesmo tempo*).

**Pai D:** Bom, vamos ver: quem disse que há guerra?

(*Olham-se todos, apontam para um deles*).

**Todos:** ESTE.

**Menino C:** Eu, eu... ouvi no rádio.

**Pai D:** Mas quem está em guerra?

**Menino C:** Eu... eu...

**Pai D:** Que países?

**Menino C:** Eu... eu...

# Eu Declarei a Guerra? Eu?

**Pai B:** E por quê?

**Menino C:** Eu... eu...

**Mãe C:** Ou seja, você não sabe de nada e por pouco não nos enfiamos todos no abrigo.

**Mãe A:** Ainda bem que não tínhamos abrigo!

**Mãe D:** Ufa, é verdade, ainda bem.

**Menino A:** E não vamos para o abrigo?

**Mãe A:** Diacho de menino, você quer me tirar do sério?

**Mãe B:** E pensar que estávamos tão tranqüilos e agora estamos em guerra.

**Mãe D:** Como somos insensatos!

**Pai B:** E nem um pouco solidários!

**Pai D:** Bem, se não sabíamos de nada...

**Mãe C:** Claro, é que eles nem informam mais.

**Pai C:** Acho que fomos os últimos a saber.

**Mãe B:** Seremos motivo de riso.

**Mãe D:** Aqui nunca ficamos sabendo de nada.

**Mãe A:** Que barbaridade, estar em guerra, sair na TV e nós aqui bancando os ignorantes.

**Avó A:** Temos de nos defender do que fizeram conosco.

**Pai B:** Ah, claro... Mas o que fizeram?

**Avó A:** Ah, sei lá, mas eu estou em guerra.

**Pai C:** Temos de atacar...

**Mãe C:** Mas atacar quem?

**Mãe B:** Contra quem estamos em guerra?

**Mãe C:** Vou para casa ouvir o rádio e saber por que estamos em guerra.

**Mãe D:** Eu vou assistir à TV para ver quem é meu inimigo.
**Pai C:** Sim, vou ligar a parabólica.
**Mãe B:** Eu vou consultar a Internet, quem sabe descubro o que aconteceu.
**Mãe A:** Telefonaremos para a Prefeitura.
**Pai B:** Eu, para as sedes dos partidos políticos.
**Pai D:** Eu vou telefonar para o meu primo que é deputado.

## Segundo Ato

Na introdução do segundo ato, o narrador explica que, enquanto os adultos se informam, as crianças, alheias a tudo, brincam alegremente. Anuncia como irão descobrir que, às vezes, na guerra, alguns dizem a outros quem são seus inimigos, que se morre sem saber a razão ou sem entendê-la e que seus amigos passam a ser seus inimigos ou que inimigos antigos se convertem em amigos "por decreto".

Ao longo da cena, as crianças não compreendem que não podem brincar com seus amigos que agora são seus inimigos, se enrolam e confundem, e os próprios adultos se vêem envolvidos em uma situação ridícula na qual não podem se falar, vigiam-se, sentem-se investigados e se tornam suspeitos, temem ataques imaginários, receando que os vizinhos sejam terroristas.

Ninguém entende o que acontece, mas são guiados pela TV, que vai lhes apontando seus amigos e inimigos, com quem devem ficar e a quem devem repudiar.

A comicidade da situação parodia aspectos que não estão distantes da realidade, como o temor diante do carteiro que se aproxima do condomínio e provoca a fuga de todos, levando as crianças, que deixam o palco vazio.

# Eu Declarei a Guerra? Eu?

**Narrador:** Enquanto os pais se informavam por que e contra quem estavam em guerra, as crianças brincavam tranqüilas. Mas descobriram que, nas guerras, uns dizem aos outros quem são seus inimigos, que muitos morrem por algo que não entendem ou do qual não sabem a razão. Vizinhos e amigos amanhecem sendo inimigos; inimigos despertam descobrindo, pois a televisão diz, que agora são amicíssimos. *Amigos e inimigos por decreto.* De um mundo que se unia e vivia feliz sem levar em consideração as diferenças, passa-se a rivalidades de raça, nações ou religiões.

(*As crianças C, D, A e B estão novamente no parque brincando. Entra a menina C*).

**Menina C:** Vamos para casa... (*chamando os meninos C e C*).

**Menino C:** Mas por quê?

**Menina C:** Porque a mamãe quer.

**Menino C:** Por quê?

**Menina C:** Porque nós não podemos mais brincar com (*nomes dos meninos A*), estamos em guerra e eles são nossos inimigos.

**Menino C:** Mas por quê?

**Menina C:** Sei lá, disseram na TV.

**Menino C:** O quê? Disseram na TV que (*nomes dos meninos A*) são nossos inimigos?

**Menina C:** Não, menino, isso não, mas os da nação deles atacaram um país.

**Menino C:** Eles nos atacaram?

**Menina C:** A nós, não; a uns amigos nossos.

**Menino C:** Atacaram (*nomes dos meninos D*)?
**Menina A:** Não, outros.
**Menino C:** (*nome da menina B*)?
**Menina C:** Não, ela também não.
**Menino C:** Mas se eu não tenho mais nenhum amigo além desses; se não nos atacaram nem aos nossos amigos, por que estou em guerra contra eles?
**Menina C:** Porque a TV falou.
**Menino D:** E acho que os jornais também.
**Menino D:** Porque uns senhores, uns políticos, uns terroristas... bom, sei lá... muita gente decidiu que somos inimigos de (*nomes dos meninos A*) e amigos de (*nomes dos meninos C*).
**Menino D:** E (*nomes dos meninos A*) são amigos de (*nome da menina B*).
**Menino D:** Não, eles são amigos de (*nomes dos meninos C*) e (*nome da menina B*) é nossa amiga, e você é inimigo de (*nome dos meninos A*) e de mim. Ah, não, você é meu irmão... espere, não é assim. (*Começam a agrupar-se e mudar de posição*).
**Menino C:** Estou ficando confuso. Mamãe, mamãe, de quem sou inimigo? Eu me esqueci.

(*Aparecem alguns adultos; mães A, B, C e D, pais B e D, avô B e avó A*).

**Mãe C:** Olhe, sempre foi assim, nós somos inimigos deles (*grupos A e B*).
**Pai B:** Isso não está certo, na guerra anterior nós éramos amigos e emprestamos tropas a vocês (*dirige-se à família C*).

**Mãe D:** É verdade, com seus tanques, vocês nos transformaram em pó... (*à família C*).

**Avô B:** Sim, mas agora estão dando tanques a vocês para que se defendam (*à família D*).

**Mãe B:** Dão armas a eles, que eram os que nos matavam? (*à família C*).

**Mãe A:** Sim, e nós dissemos a eles (*indicando a família D*) para lutar contra vocês (*a família B*) e agora, com essas armas, estão matando nossos soldados.

**Pai D:** E nós treinamos os soldados de (*família A*) para lutar contra (*família B*), e agora nos atacam.

**Mãe C:** Entenderam, crianças?

**Menino A:** Para falar a verdade verdadeira, acho que entendo menos que antes.

**Menina B:** Cada vez menos.

**Menino D:** Mas, vamos ver, isto é o que interessa: quer dizer que não haverá festa?

**Mãe C:** É claro que não, que idéia! Como vai haver festa, confraternizar com o inimigo! A OTAN ou a CIA nos prendem...

**Menino A:** Confra... o quê? Diga-me: o que é confraternizar?

**Menino D:** Não sei, mas deve ser alguma coisa ruim, soa muito mal.

**Menino A:** Será contagioso?

**Menina A:** E também não posso fazer a lição na casa de (*nomes dos meninos D*).

**Menino A:** Nem sonhando, você só pode fazê-la com (*menina B*).

**Menina A:** Mas como? Se ela está no pré-primário!

**Mãe B:** Pode ser, mas não é suspeita.

**Menina B:** Suspeita de quê?

**Menino A:** Será que ela tem essa tal enfermidade da confraternização?

**Menina C:** Mas se meus amigos são incríveis e são saudáveis e além disso têm...

**Mãe C:** Psiu, quieta, por favor, que não lhe escutem, nem diga isso, nem pense nisso também, ou vão nos investigar.

**Pai D:** Cada um para sua casa ou para a de seus amigos, e nada de chamadas telefônicas, pois podem estar grampeadas.

(*Entra a avó A. As famílias A e B atuam agrupando-se em um lado do palco*).

**Avó A:** Ei, eles devolveram a farinha que você emprestou ontem para a (*mãe D*).

**Mãe B:** Ah, não, quieta, quieta, não pegue nada, muito menos em pó.

**Mãe A:** Não respire, não respire...

**Menino A:** Mas, se eu não respirar, vou morrer.

**Mãe A:** Tanto faz, não respire; porque, se respirar, você pode morrer.

**Menino A:** Bom, então... se eu respirar, morro; se eu não respirar, também.

**Avó:** Olhem, eu acho que estamos ficando loucos.

**Pai B:** Todos para o hospital, todos para o hospital.

**Mãe B:** E você, não torne a pegar nada.

(*Entram o pai C e o menino C. As famílias C e D atuam agrupando-se ao lado contrário do palco*).

**Pai C:** Olhem só, eu fui devolver o cortador de grama para (*pai e mãe B*) e eles começaram a gritar como possessos, diziam: Tire essa bomba daqui, tire essa bomba daqui!

**Mãe D:** Mas que bomba?

**Pai C:** Sei lá, diziam também: "Aqui há crianças, aqui há crianças!"

**Menino C:** E disseram: "Terroristas! Terroristas!"

**Mãe C:** Nós, terroristas?

**Menino D:** O que é terrorista, é ruim?

**Mãe D:** Muito ruim, filho, é algo que não se deve ser.

**Menino D:** E nós somos isso?

**Mãe D:** É claro que não.

**Menino C:** E por que nos chamam assim?

**Mãe C:** Porque a TV disse que todos nós somos.

**Menino C:** Ah, se a TV disse...

**Pai C:** Bom, sabe o que eu digo? Que eles ficaram sem o cortador, eu fico com ele, ótimo... que se danem!

(*Novamente o grupo das famílias A e B retoma a ação*).

**Menino A:** Vamos passear! Vamos passear!

**Mãe A:** Nem diga isso! É perigosíssimo, ninguém sai de casa.

**Mãe B:** Imagine, nossos vizinhos estão se preparando para nos atacar e seqüestrar.

**Pai B:** Pode haver bombas enterradas.

**Menino A:** No jardim?

**Menino A:** No parque?

**Menino B:** Na piscina?

**Pai B:** Em qualquer parte, quem vai saber...

**Menino A:** Pois vamos segui-los e pisar onde eles pisam...

**Menina A:** Vão nos seqüestrar?

**Menino B:** E vão nos levar para a casa deles?

**Menino A:** Eh, fantástico, eles têm um *videogame* e uma piscina de que eu gosto demais.

**Mãe A:** Esse menino é um insensato, não se dá conta de que essa é uma guerra de verdade e não um filme.

**Menino A:** E eles são maus e nós somos bons?

**Pai B:** Sim, agora sim. Outras vezes, C foram bons e D e A foram maus.

**Mãe B:** Nós sempre fomos bons, claro.

**Menina B:** E nós não seqüestramos, nem nada disso?

**Avó A:** Não, nós não.

**Pai B:** Nós os atacaremos.

**Mãe A:** Nós nos defenderemos.
**Mãe B:** Vamos pisoteá-los!
**Menino A:** Ainda bem que somos os bons!
**Menina B:** E isso vai durar muito?
**Menino A:** Queremos saber, porque eu tenho prova na segunda-feira e, se o (*menino D*) não me ajudar, vou me dar mal.

(*Todas as famílias começam a se misturar no meio do palco*).

**Menino D:** Eu quero a festa.
**Menina D:** E eu, ir passear.
**Pai B:** E eu quero meu cortador de grama.
**Avó A:** E eu, fazer bolos com a vizinha.
**Avô B:** E eu, ir pescar no lago com Jorge.
**Menino C:** Olhem, vem vindo o carteiro, vou ver se ele me trouxe a revista do Pokemon.
**Mãe A:** Quieto!
**Pai B:** Para trás!
**Mãe C:** Não se aproximem do carteiro!
**Mãe B:** Não peguem nenhuma carta.
**Menino C:** Mas... minha revista.
**Menina A:** Ninguém pode chegar perto do carteiro?
**Menino B:** Mas por quê?
**Menino D:** O que é que o carteiro tem?
**Menino A:** Está doente de confraternização também?

(*Debandada geral. Os adultos empurram as crianças para fora do palco, em direção às suas casas*).

## Terceiro Ato

O terceiro ato oferece ao narrador a oportunidade de analisar os males da guerra e introduz a idéia de que a guerra pode começar e terminar na convivência diária.

Os atores tentam ter acesso à sua zona de jardim, mas têm receio e se vigiam, até que pouco a pouco voltam atrás e começam a analisar as coisas com racionalidade, embora não se decidam a pôr um fim na situação.

O alarme falso de uma invasão marciana consegue unir a todos diante do inimigo comum. Pouco a pouco, a calma retorna e eles se recordam de que "com a convivência, pode começar a paz".

O final da peça coincide com a interpretação de um *rap* entre todas as famílias contra o racismo, a defesa do respeito às idéias dos outros, a valorização das pessoas e a partilha de tudo o que se tem.

**Narrador:** A realidade é que, na guerra, todos perdemos. A guerra chega até nós em forma de morte, medo, falta de liberdade, perda de amigos, de emprego, imigração e, por isso, sem esperar que a guerra acabe por decreto, porque se usaram muitas armas, ou os políticos recuperaram o prestígio, ou a economia caiu, antes que morram mais milhares de pessoas, devemos terminar a guerra nós mesmos, com nossos vizinhos, convivendo em paz e compartilhando o que temos para que não haja mais fome nem diferenças.

(*Sensação de dissimulação. Entram de cada lado do palco, olham-se, escondem-se, saem e entram*).

**Mãe B:** Vamos recapitular: disseram-me que os do 50 e os do 54 são meus inimigos.

**Pai B:** Quer dizer que estou em guerra.

**Mãe A:** A TV diz que não devo falar com (*mãe e pai C*).

**Avó A:** O rádio me avisa para que eu tenha cuidado com (*mãe e pai D*).

**Pai D:** Dizem que me dou muito mal com (*pai e mãe B*). E eu, que não me havia dado conta disso!

**Mãe D:** Para mim, eles pareciam até simpáticos.

**Mãe C:** E eu, que estava brigada com os do 6º, e parece que são amicíssimos meus e, segundo a TV, são ótimos. Terei de ir visitá-los.

**Pai C:** Mas, se nós não vamos com a cara deles...

**Mãe C:** Tanto faz, agora dizem que são muito bons.

**Menina C:** Mas, papai, se você não me deixava brincar com eles...

**Pai C:** Mas agora você tem a obrigação de brincar com eles.

**Meninos C:** (*Todos*). Ah!

**Menino A:** Não há quem se entenda.

**Menina A:** Ainda bem que a TV e os jornais nos dizem o que devemos fazer e sentir, senão faríamos papel de ridículos!

**Menino C:** E da próxima vez, de quem serei inimigo?

**Menino D:** Eu quero ficar do lado da (*nome da menina B*), porque ela tem uma piscina muito boa.

**Menina C:** E eu não posso ser inimiga dos meus irmãos? Estou "por aqui" com eles...

**Menino D:** Que guerra mais esquisita!

**Menina D:** Só se vê pela TV.

**Menina B:** E eu não sei quando é uma guerra ou um filme.

**Menino C:** E aqui não há soldados.

**Menino C:** Nem bombas, nem nada.

**Menina C:** Que nojo de guerra!

**Menino A:** Dizem para não respirarmos quando trazem farinha...

**Menino A:** Que o cortador de grama é uma bomba...

**Menino D:** Que os vizinhos vão nos seqüestrar...

**Menino D:** Que eu não posso ir à casa de ninguém...

**Menino C:** Que eu tenho de correr se o carteiro vier...

**Menina C:** E isso é uma guerra?

**Menina B:** Isso não é guerra nem nada.

**Mãe C:** Pois bem, os dias passam e eu acho que (*diz os nomes do pai B, da mãe B e da mãe A*) continuam sendo tão legais quanto eram antes.

**Pai D:** Além disso, antes já sabíamos de onde eram.

(*As crianças se cumprimentam de longe... se aproximam, são chamadas de volta...*)

**Mãe A:** Eu acho que devíamos falar de novo com nossos vizinhos.

**Pai B:** Não vão nos fazer nada.

**Mãe B:** É verdade, sim.

(*O pai C entra gritando*).

**Pai C:** Os marcianos estão invadindo nosso planeta, os marcianos!

**Mãe C:** Agora são os marcianos?

**Mãe A:** Mas o que está acontecendo na Terra?

**Mãe B:** E nós sem abrigo!

## Eu Declarei a Guerra? Eu?

**Menino A:** Você, aproveite e pergunte o que é um abrigo.

**Menino C:** Bem, bem, esta sim será uma guerra...

**Pai D:** Dizem na TV que devemos todos nos unir.

**Pai B:** Devemos formar comitês de defesa.

**Mãe A:** Nem se atreva a perguntar o que é um comitê, entendeu?

**Mãe B:** Presidente, convoque uma reunião de vizinhos.

**Pai D:** Mas, se somos inimigos...

**Mãe A:** Isso era antes, agora temos de nos unir, o inimigo é outro.

**Menina C:** O quê, mais inimigos?

**Menino C:** Sim e esses são importados.

**Menina D:** Então posso brincar com (*menino A*).

**Menino D:** Posso ir fazer a lição com (*menino A*).

**Menino A:** Vivam os marcianos, salvaram minha prova!

**Pai B:** Vão me devolver o cortador de grama.

**Avó A:** Posso pedir a farinha de que eu precisava.

**Menino B:** Podemos beber água.

**Menina A:** E eu vou poder respirar?

**Menino D:** E haverá festa?

**Mãe D:** Mas como podemos nos alegrar por isso?

**Pai B:** Porque voltamos a ver as coisas com serenidade.

**Mãe C:** Voltamos a ver nossos vizinhos com seus nomes e seus rostos, e não como pertencentes a uma raça, uma religião.

**Avó A:** Mas... e os marcianos?

**Pai C:** Alarme falso. Eu inventei isso.

**Mãe C:** Pensamos que, se tivéssemos um inimigo comum, iríamos nos unir e tudo iria melhorar.
**Avó A:** Por pouco eu não tenho um infarto.
**Pai D:** A idéia não foi ruim.
**Mãe D:** Fez-nos recuperar a razão.
**Pai B:** Afinal, na convivência começa a guerra.
**Mãe A:** Na convivência começa a paz.
**Mãe A:** E por isso, lembre-se sempre...

(*Cada família vai se unindo no centro e recita uma estrofe de rap; depois se separam, dividindo-se pela direita e pela esquerda e dando lugar à família seguinte, de maneira que, no final, o palco fica cheio, com as famílias divididas de ambos os lados*).

**Família A:** Se eu dividir o que tenho,
não haverá Bin Laden
nem bombardeios.
Não cairão torres
nem voarão trens,
se eu dividir o que tenho.

**Família B:** Se pensarmos sempre nos demais,
não haverá mais crianças
trabalhando.
Nem elas estarão
tampouco lutando,
se pensarmos sempre nos demais.

**Família C:** Se de cada pessoa
eu vir sempre o melhor,
não haverá preconceito
nem xenofobia,

     não haverá racismo,
     se eu olhar para cada pessoa.

**Família D:** Se eu respeitar as suas idéias,
     se você respeitar
     as minhas idéias,
     não haverá mais guerras,
     não haverá mais mortos,
     se respeitarmos nossas idéias.

**Todas as**  Você nunca deve se esquecer
**famílias:**  de valorizar as pessoas.
     Pense sempre,
     olhando ao que está à sua frente,
     que você é você e eu sou eu.
     A paz começa de dois em dois (*bis*).

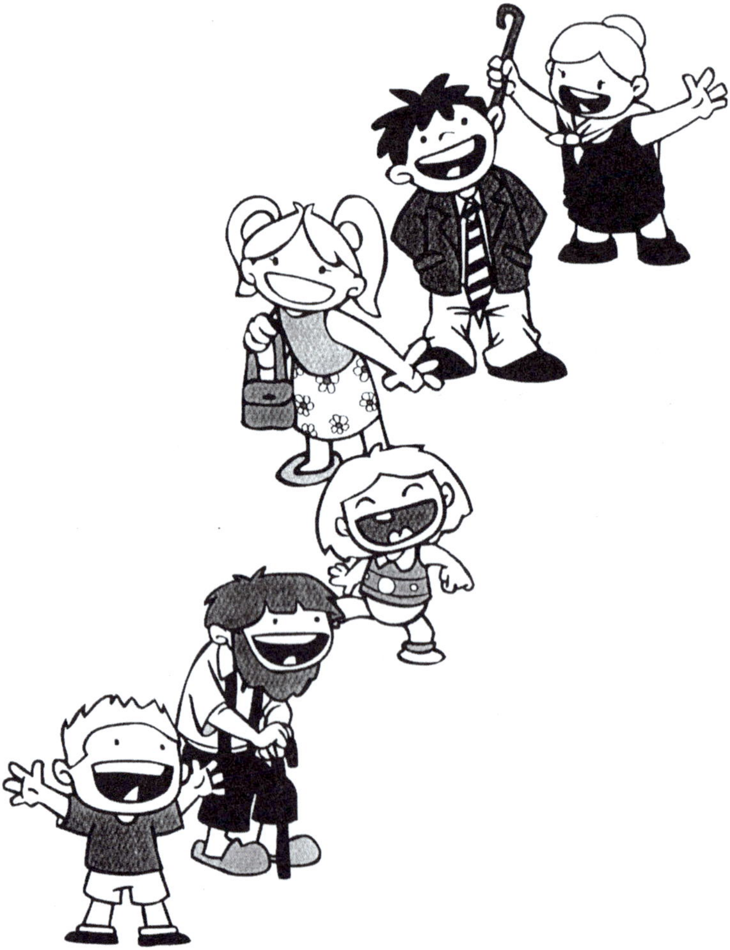

# Dramatização 3
## Casas Inteligentes. Mais que Eu?

Em um moderníssimo condomínio das chamadas "casas inteligentes", o auge da técnica aplicada à vida diária, os novos vizinhos se deparam com uma série de dificuldades por causa das novíssimas técnicas.

Ao se depararem com tantos artefatos "inteligentíssimos", "programadíssimos" e se verem na necessidade de adaptar sua forma de vida àquela que suas novas habitações inteligentes lhes impõem, chegam a perguntar-se se suas casas – com tudo o que implicam: eletrodomésticos, roupas, utensílios, brinquedos – são mais inteligentes que eles mesmos.

Perguntam-se coisas como: sou eu que ligo os aparelhos ou eles é que "me ligam"? Facilitam a minha vida ou a dirigem? Aumentam minha liberdade ou a tiram de mim?

Aparece também aqui a posição de pessoas mais velhas, talvez mais avessas a utilizar alguns avanços tecnológicos, mas que trazem consigo o senso comum dado pela experiência.

**Personagens:**
- *Narrador*
- *Policial 1*
- *Policial 2*
- *Policial 3*
- *Família 3xy*
- *Família 2sq*
- *Família 1wz*
- *Família 4pk*

**Cenário:**
- Primeiro ato: *Rua, portas de casas e painéis com ícones de olhos, línguas, etc.*
- Segundo e terceiro atos: *Interior de uma casa.*
- Quarto ato: *Rua.*

**Narrador:** Um dos sinais de maior nível de vida do século XXI é o acesso às chamadas "casas inteligentes". Quando as famílias podem se mudar para um bairro de casas inteligentes, sentem-se muito superiores e começam a desfrutar de seus sonhos como possuidores da última tecnologia (tecnologia de ponta, dizem), livrando-se, assim, das tarefas domésticas e gozando de todo tipo de comodidades. Uma vida sem estresse.

No entanto, às vezes, visto que estamos no início de novas eras, ocorrem coisas como as que você verá.

O estresse aumenta porque o ritmo imposto pelos aparelhos os deixa "afogados", organizando-lhes a vida. Muitas vezes, as pessoas ainda não se adaptaram às máquinas, e então as vantagens se tornam desvantagens, pois elas se sentem dominadas pela técnica. Assim, por exemplo, quando se produz uma avaria no sistema, os serviços viram uma hecatombe e podem ocorrer coisas inimagináveis no bairro.

Mas, finalmente, pouco a pouco, alguns dos "felizes" habitantes das casas inteligentes vão se adaptando à novidade e ao progresso, enquanto outros o abandonam, fracassando na tentativa. Uns e outros, no entanto, se perguntam: são meus aparelhos, minha roupa, meus brinquedos, minha casa, mais inteligentes que eu? E sou eu quem os põe em funcionamento ou eles é que "me fazem" funcionar?

## Primeiro Ato

Ao chegar ao condomínio, os novos inquilinos se deparam com sistemas de cães eletrônicos, que se calam quando são dadas lambidas em um botão, apesar da desconfiança de muitos deles; portas que se abrem com o reconhecimento da íris dos olhos, códigos de tantas cifras e letras tão impossíveis de ser lembradas que todos devem memorizá-las entre si, obrigando-os a coordenar suas saídas. Enfim, casas que saúdam e organizam a comida, a roupa e inclusive obrigam as pessoas a relaxarem.

Todos os membros das famílias podem falar indistintamente ou então formando núcleos familiares, caso seja mais apropriado aos personagens, que aparecem como F.

(*Condomínio formado por casas inteligentes. Vão sendo conhecidos os novos inquilinos que chegam para habitar "o auge da técnica aplicada à vida diária"*).

Ao tentar entrar na zona de novos vizinhos, todos os alarmes começam a disparar e se ouve o latido de cães ameaçadores. A polícia aparece e os empurra para um lado do palco:

**Policial 1:** Para trás!

**Policial 2:** Ladrões!

**Policial 1:** Não, são "invasores".

**Policial 3:** É verdade. E trazem crianças!
**Policial 2:** E vêm em grupo!
**F:** (*Todos*). Ouçam, senhores, nós não...
**Policial 3:** Calados!
**Policial 1:** Documentos!
(*Todos apresentam seus documentos*).
**Policial 2:** Mas são os donos! (*Enquanto verifica os documentos*).
**Policial 3:** Ei, isso é uma brincadeira?
**Policial 2:** Por que nos fazem perder tempo?
**F:** Mas, se nós não fizemos nada...
**Policial 1:** Esse é o problema, vocês entraram assim, sem mais nem menos.
**F:** Como assim, sem mais nem menos?
**F:** Então, como se deve entrar?
**Policial 1:** Que panacas!
**Policial 2:** Isso é a zona restrita.
**F:** E como sabemos que é zona restrita?
**Policial 1:** Mas então vocês não viram a mudança de cor no chão?
**Policial 2:** E as árvores da rua diferentes?
**Policial 3:** E os faróis? O que me dizem dos faróis?
**F:** Sei lá... como ainda está de dia, não reparei.
**Policial 1:** Pois, senhor, repare: têm o formato diferente...
**F:** (*Todos*). Oh...!
**Policial 1:** E as lajotas e o asfalto? Também não notaram?
**F:** Eu, eu...

**Policial 1:** Todos diferentes.

**F:** Os senhores nos perdoem, trataremos de prestar mais atenção.

**F:** Certo, mas agora que sabemos desse negócio da zona, e daí?

**F:** É mesmo, como se deve entrar em uma zona restrita?

**Policial 1:** Também não sabem isso?

**Policial 2:** Antes de entrar em zona restrita, devem acionar o comando, digitando o código.

**F:** Código?

**F:** Que código?

**Policial 3:** O que nos mostraram hoje! O código que a administradora lhes deu.

**F:** (*Todos*). Ah, sim, eu me lembro.

**F:** Vocês o têm.

**F:** Você, diga o código.

**F:** Era muito longo e nós o memorizamos em pedaços.

**F:** E por que vocês não anotaram?

**F:** Porque é proibido pela segurança.

**F:** Vamos ver, digam aqueles que sabem, para que esses senhores possam ir embora de uma vez.

**F:** 854

**F:** MNS

**F:** 031

**F:** TQR

**F:** 629

**F:** BCD

**F:** 7, 7, 7

F: A E O
F: 0.0.3
F: F H I
F: 2,4,6
F: J K L
F: 8,92
F: G M. (*Vai continuar e é interrompido*).
F: Pare, pare, estou ficando zonzo!
F: Santo céu! Isso eu nunca vou aprender em minha vida.
F: Não seja exagerado, é questão de praticar.
F: Ah, enquanto isso, como faço para voltar para casa?
F: Bem, nos primeiros dias esperamos todos aqui fora e entramos juntos...
F: Mas se eu chego em casa depois do jantar!
F: E este não volta antes das 20h e sabe uma parte da contra-senha.
F: Ah! Pois eu aviso que essa semana não chegarei antes das 22h.
F: Mas, se nós temos horários diferentes!
F: Pois, esperamos!
F: Eu quero sair no fim de semana.
F: Viva, ficaremos na rua até o amanhecer.
F: Vocês estão loucos? E se chover?
F: E se fizer frio?
F: Eu quero jantar em casa.
F: E se eu quiser ir ao cabeleireiro?
F: Eu tenho partida de tênis.

**F:** E eu vou sair para pescar de madrugada.
**F:** Então vamos viver na rua?
(*Sentam-se e se apóiam, deprimidos*).
**F:** Mãe do céu! Que conforto! (*Ironizando*).
**F:** Começamos bem...
**Policial 1:** Bem, bem, não desanimem, isso acontece a todos no começo, mas é a técnica, a segurança.
**F:** Tudo seja feito em nome da segurança! (*Resignado*).
**F:** Vamos ver, comecemos a praticar.
**F:** Isso, como a tabela de multiplicar.
**F:** Colocamos música?
**F:** É mais fácil.
(*Vão repetindo as letras e os números da contra-senha com a música de uma canção popular. Os cães voltam a latir com força*).
**F:** Ei, vocês não podiam fazer com que esses cães parassem de latir?
**Policial 2:** Isso não é coisa nossa, vocês devem ter a senha que calará os cães-robôs.
**Todas as famílias:** Nós?
**F:** Vamos ver: quem se lembra da senha?
**F:** Mãe do céu, outra coisa!
(*Pensam e ninguém se lembra*).
**F:** Vamos ver, experimentemos: Calado, Bobby!
**F:** Silêncio, Sultão!
**F:** Fique calado, estou dizendo!
**F:** Vamos ver se são internacionais: Stop!

**F:** Psiu!
**F:** Calado, senão apanha.
**F:** Bater, não.
**F:** Mas, se não são de verdade...
**F:** Nada, não tem jeito.
**Policial 1:** Vamos ver como resolvem isso, porque os condomínios vizinhos vão reclamar.
**F:** Olhe, se for alguma coisa como o código do condomínio, vou ter um treco.
**F:** Não, não, o menino falou que era pra dar lambidas em um botão.
**F:** Ah, sim! Ele reconhece a saliva de cada pessoa!
**F:** Mãe do céu! Isso é coisa de louco.
**F:** Eu não vou lamber nada.
**F:** Nem eu, onde já se viu?
**F:** É anti-higiênico.
**F:** E ridículo.
**F:** Todos mostrando a língua.
**F:** Nós é que pareceremos cães.
**Policial 3:** Vocês são exageradíssimos.
**Pai 1:** Vocês acham exagerado que nos pareça ridículo ter de mostrar a língua para calar o alarme?
**Policial 2:** Pois sim, os do condomínio ao lado têm de latir.
**Policial 1:** É verdade, e aceitaram muito bem.
**Policial 2:** Eu noto que cada dia latem melhor.
**Policial 1:** Sim, vão conseguindo estilo.
**F:** Isso é coisa de louco!

**F:** Então nos dirão que a cada dia mostramos a língua melhor?

**F:** Que nossas lambidas são mais eficazes e coisas assim?

**F:** Assim acabaremos fazendo concursos de Mister e Miss Lambidas. Eu vou ter um ataque de nervos!

(*Todos começam a dar lambidas, alguns obrigados e outros meio às escondidas*).

**F:** Se passar algum conhecido, vou morrer de vergonha.

(*Faz-se silêncio*).

**Policial 2:** Vêem como não foi para tanto?

**Policial 1:** Adeus e bem-vindos.

**F:** Bem-vindos? Ainda por cima, com gozação!

**F:** Se você não fosse policial, eu...

(*Passados os primeiros incidentes, acomodam-se nas casas e em seus cenários. Os diversos casais falam*).

– Que prédio bonito, que linha... o máximo da arquitetura. Quando minha cunhada vir, vai ter um treco.

– E a bagagem? Esquecemos da bagagem!

– Não, aqui temos algumas coisinhas... nessas casas não se necessita de nada.

– Isso é o melhor, elas fazem tudo.

– Bem, adiante! Vamos pegar nossas chaves e abrir nossos lares.

– Chaves? Quem tem as chaves?

– Eu não tenho, deram para você.

– Para mim, não, para você.

– Nada disso, não vamos começar, quem assinou o contrato?

- Eu, mas...
- Nem mas nem meio mas, vá buscá-las!
- E você, a mesma coisa (*Dirigindo-se a seu par*).
- Nós também não a encontramos... (*Outra família procura nos bolsos*).
- Mas, bem, ainda não caiu a ficha de vocês? Não precisa de chave, basta colocar o olho nesse quadradinho e, pela íris dos olhos de cada família, a porta se abre.

**Todas as famílias:** Oh! Ah!

- É verdade, eu me lembro da demonstração.
- Ai! Agora é o olho.
- Antes era a cantilena do código.
- Depois as lambidas.
- Agora colocar o olho.
- Quanto tempo falta para entrar nessas casas?
- Tempo e ridículo, lhe asseguro que estamos fazendo papel de ridículos.
- Eu não me importo, contanto que não passe ninguém conhecido.
- Não exagere, tudo o que é novo é incompreensível, mas isso para os ignorantes. Nós somos gente avançada.
- Isso me lembra o conto do lobo e dos cabritos, vão nos pedir que mostremos a patinha...
- Ou que mostremos o braço, como na casa de chocolate.
- Será possível? Colocar o olho? Onde?
- Aqui, aqui. Há uma janelinha.
- Sim, e há um olho desenhado.
- Aqui, aqui também.
- Aqui, aqui, venha aqui e ponha o olho.

– Mas que coisa, ponha você.
– Eu dei a lambida antes.
– Sim, mas o olho é mais sério. E se me acontecer algo?
– E se eu tivesse ficado com a língua presa?
– Bom, está certo, eu ponho.
(*Começam a olhar as janelinhas empurrando-se e as casas se abrem ou não*).
– Não abre.
– Não deve ser a sua, experimente aquela.
– Essa também não.
**Voz em off:** "Bom-dia, Sr. 1wz".
– Abriu, abriu! É a nossa!
– Feche e me deixe experimentar.
– E eu, e eu, não é possível que não me reconheça.
(*Experimentam. Ouvem-se vozes*).
**Voz em off:** "Bom-dia, Sra. 2sq. Bom-dia, Menino 3xy".
– Que maravilha chegar em casa e ela reconhecer você!
**Menino:** Mamãe, e se a casa se zangar e não me abrir a porta?
**Mãe:** Não seja bobo, a casa não pode se zangar, não tem sentimentos.
(*O menino lhe dá um pontapé, a porta se fecha e ouve-se uma voz*).
**Voz em off:** Mal-educado, três dias sem lhe abrir a porta.
**Todos:** Oh! Oh!
**Menino:** Você não disse que ela não tinha sentimentos?
– Foi bem-feito, a casa tem razão, você é um mal-educado.

**Menino:** (*Irmão*). Agora terei de agüentá-lo por três dias, com certeza! Pois eu não tenho vontade, que fique em casa e assim aprende.

(*Outra família*) Vocês estão ouvindo?

**Voz em off:** Senhores, os quartos das crianças ficam na zona sul, a temperatura com calefação de energia solar é de 20º, a água atingiu a mesma temperatura.

(*Outra voz*). A limpeza geral foi efetuada nos três dias assinalados.

(*De outra casa, chega a voz*). A comida está na mesa, o cardápio foi escolhido pela agência, espero nova programação para fazer as compras.

(*Outra voz*). A roupa foi classificada de acordo com tamanhos e cores, se desejarem outra classificação, peço-lhes que mudem a programação.

**Todas as famílias:** Oh! Ah!

– Esperem, esperem... (*Faz-se silêncio*).

– Mais nada?

– Eu já sabia que não podia ser perfeito.

– Como não? Comida comprada e servida.

– Camas feitas e roupa lavada, passada, pendurada...

– E a lição? O que falou das lições?

– Que cara-de-pau! O que ela ia falar das lições... que você as faça!

– Grande novidade!

– É verdade, isso é um fiasco.

– Que vantagens temos! Eu já não cozinho.

– Nem faço as compras.

– Nem passo.
– Nem lavo.
– Nem arrumo a cama por causa daquilo da urgência e de não sei quê.
– E eu tenho de continuar fazendo as lições?
– Grande casa inteligente!
– Eu achei que a inteligência era quem fazia as lições.
– Eu também percebi que não disse nada sobre lavar o carro.
– E cortar a grama do jardim.
– Será que são assim tão vagos?
– E tão egoístas!
– A culpa é minha, por não tê-los obrigado a fazer as tarefas que lhes correspondiam.
– É verdade.
– Fique calado, isso vale também para você.
(*Todos começam a discutir. Ouve-se uma música suave e vai se fazendo silêncio*).

**Voz em off:** Respirem fundo, ouçam a música, pensem no mar, no campo ao amanhecer, fechem os olhos, contem até 10... relaxem, sintam todos os seus músculos relaxando, eles pesam, pesam... e agora, assim relaxados, sorridentes, vão entrando em seus novos lares... deixem as tensões do lado de fora, a agressividade, sorriam, flutuem, abracem-se, abracem-se...

(*Vão fazendo o que a voz lhes indica e entrando nas casas, até que o palco fica vazio*).

## Segundo Ato

Já no interior de uma residência, começam alguns "pequenos problemas", tais como despertadores que insultam se alguém não se levanta e toda a vizinhança escuta, ou janelas e portas que se abrem e fecham em determinadas horas, sem que se possa variar. Também surgem dificuldades com os convidados que, se não são previstos, fazem com que o alarme dispare, já que a casa não admite um número maior de pessoas que as programadas. Isso também não lhes permite mudar de planos na família. Deve-se cumprir o programado "ou ficar em casa, ou sair". O tempo de visitas deve ser o indicado: nem um minuto a mais ou a menos. A hora de dormir é devidamente determinada e as viagens devem ser programadas de acordo com toda a vizinhança.

O interior da residência nos introduz na "maravilha" de uma refeição com "toalha inteligente", "avental inteligente", "geladeira inteligente", "máquina de lavar inteligente", cozinha que organiza e impõe cardápios apropriados à idade, ao peso e às enfermidades de todos, para desespero dos moradores, que se vêem obrigados a seguir uma dieta "saudável" e que, além disso, devem lavar a roupa já limpa para cumprir a programação e não ficar mal diante dos vizinhos, quando a máquina de lavar avisar, com seu alarme, que não está lavando. Ainda bem que pelo menos se sente o alívio da roupa inteligente e que tudo se soluciona *obedecendo aos eletrodomésticos*.

(*Interior da residência da Família 1wz*).

**Narrador:** Uma vez superados os primeiros obstáculos, ou seja, entrar no condomínio e na residência, agora tudo é prazer e paz, como lhes desejaram. Tudo é comodidade e eles desfrutam da companhia das visitas, ou então... talvez nem tanto, como comprovaremos.

**Pai 1wz:** Bom-dia.

**Mãe 1 wz:** Bom-dia. Por que você se levantou tão cedo? Hoje você não vai trabalhar.

**Pai 1wz:** Sim, mas eu não sabia, e o despertador, o café da manhã e o chuveiro já estavam programados...

**Mãe 1wz:** E daí?! Mude a programação.

**Pai 1wz:** Mudar a programação? Para um dia? Você sabe as conexões e desconexões? Eu passei uma hora lendo os manuais.

**Mãe 1wz:** Se pelo menos você os entendesse!

**Pai 1wz:** A verdade é que não entendo, por isso prefiro me levantar cedo.

**Mãe 1 wz:** Finja que não ouviu.

**Pai 1wz:** Já pensei nisso, mas a cama atira você no chão, tira sua roupa, as cortinas se abrem e o despertador chama aos gritos, e todos os vizinhos escutam.

**Mãe 1wz:** Continue fingindo.

**Pai 1wz:** Acontece que, além disso, fico sem tomar o café da manhã e sem banho, porque o chuveiro, passada a hora, fica frio, se autolimpa e se fecha.

**Mãe 1wz:** Isso é verdade, outro dia não corri o suficiente para "pescar" o café da manhã e, quando cheguei, a cafeteira e a torradeira já o haviam jogado no triturador, autolimpado e desligado o microondas, a torradeira, o espremedor... fiquei de jejum.

**Voz em off:** O senhor... deve abandonar a casa, é hora de ir para o trabalho.

**Pai 1wz:** E agora, o que eu faço?

**Mãe 1wz:** Vá a toda velocidade, senão o alarme começa a tocar e a polícia industrial vem para levar você ao trabalho.

**Pai 1wz:** Mas hoje eu não vou trabalhar.

**Mãe 1wz:** Sim, eu sei, mas eu não quero confusão e que nós sejamos o motivo de riso do bairro, vá logo.

**Pai 1wz:** Mas para onde?

**Mãe 1wz:** Para onde você quiser, mas vá rápido, pois o alarme vai tocar.

**Pai 1wz:** Não acredito! Grande dia de descanso, e ainda por cima o tempo está horrível (*sai correndo*).

**Mãe 1wz:** Volte às 19h, pois temos visita; senão, notam sua falta e podem nos expulsar.

**Menino 1wz:** Mamãe, estão aí os senhores 2sq, que querem vê-la.

**Mãe 1wz:** Ah, não, não pode ser, a visita deles não estava programada e a porta não vai abrir.

**Menino 1wz:** Mas eles estão dizendo que precisam não sei do quê.

**Mãe 1wz:** Vamos ver! Deixe-me falar! (*Fala pelo interfone*). 2 sq, sinto muito. Olhe, não esperávamos receber ninguém dentro de uma hora, volte depois.

(*O cenário se escurece. Música*).

(*Mais tarde, entra a família 2sq com os avós com maletas*).

**Mãe 2sq:** Menina, perdoe-me porque não me dei conta do tempo de programação, mas é que de repente apareceram os avós para passar uns dias conosco e os quartos de convidados não estão programados até o próximo mês.

**Mãe 1 wz:** Que horror! Que droga! E o que você vai fazer?

**Mãe 2sq:** Pois eu vim lhe contar isso. Pedi esse favor aos 4pk e eles têm os quartos programados para daqui a dois dias.

**Mãe 1wz:** E até lá?

**Mãe 2sq:** Era isto que eu queria lhe perguntar: os seus não estão disponíveis?

**Mãe 1wz:** Vou ver... (*tecla, olha*)... Oh, sim! Que sorte, os meus abrem amanhã. Hoje estão em processo de limpeza geral durante todo o dia.

**Mãe 2sq:** Oh, por um triz... E o que eu faço com eles durante o dia? E esta noite?

**Mãe 1wz:** Não sei, mantenha-os como visita em sua casa.

**Mãe 2sq:** Tudo bem, mas eu só tenho programadas duas horas de visita diária.

**Mãe 1wz:** Ah, bom, coloque-os em minha casa de visitas. Com suas horas de visita, quase nos acertamos... Pergunte a mais alguém e, entre uns e outros, eles ficarão refugiados nas casas como se fossem visitas.

**Mãe 2sq:** Quanta confusão! Incomodar todo o condomínio... me angustia.

**Mãe 1wz:** Bom, mulher, o que se vai fazer? Até que a gente se acostume com a modernidade, teremos de ter paciência.

**Mãe 2sq:** É que os avós... não são modernos, não têm senso de oportunidade, são cavernícolas. Como eles pensam que podem vir sem avisar com meses de antecedência? Como se a programação da casa fosse assim tão simples!

(*Os avós, em um canto, olham-se assustados, olham para tudo e sussurram.*)

**Avó 2sq:** Vamos visitando de casa em casa?

**Mãe 2sq:** Claro, vovó, se a casa detectar alguém fora de hora, dispara o alarme e tem início um processo policial.

**Avô 2sq:** O que é isso?

**Mãe 2sq:** Já vou lhe explicar.

**Pai 2sq:** Não podemos ficar aqui, vamos, cada um tem de estar em seu lugar.

**Avó 2sq:** Filho, eu só queria fazer-lhe uma surpresa...

**Pai 2 sq:** Sim, sim, surpresa...

**Mãe 2sq:** E à noite? Onde eu vou colocá-los à noite?

**Pai 2sq:** Nessas horas não há programação de visita...

**Mãe 2sq:** Bom... talvez alguém tenha programado a visita de um médico.

**Pai 2sq:** Ah, pode ser...

**Menina 2sq:** Mamãe, eu ia passar a noite na casa de minha amiga, a vovó pode ir no meu lugar...

**Mãe 2sq:** Ah, claro, mas eu tinha desprogramado você de nossa casa assim que... onde você pensa que vai?

(*Os avós se olham, vão de um lado para o outro com as maletas*).

**Avô 2sq:** E a casinha do cachorro, também está programada?

**Mãe 2sq:** Claro que sim!

**Pai 2sq:** Só há uma solução, vocês têm de voltar para casa e preparar a viagem para dentro de alguns meses, quando chegar a nova programação.

**Avó 2sq:** Certo, certo, filho, não se aborreça.

**Avô 2sq:** Vocês também podiam ir nos visitar este fim de semana.

**Pai 2sq:** Ah, impossível, a casa está programada para esvaziar-se dentro de três fins de semana.

**Avó 2sq:** Ah, certo, certo, pois então adeus... (*Saem falando entre si*). Que filhos tão modernos nós temos, hein? Devemos ficar orgulhosos.

**Avô 2sq:** Você acha?

**Avó 2sq:** Claro.

**Avó 2sq:** Pois, mulher, isso de voltar para casa porque a programação da casa não nos admite... sei lá, me parece um tanto exagerado.

**Avó 2sq:** Ah, vá! Não seja atrasado, você vai ver quando eu contar às minhas amigas, vão morrer de inveja.

**Avô 2sq:** Pois eu estou morto... e agora, outra vez o avião. Tudo em nome da técnica! (*Saem de cena*).

(*Os que ficaram*).

**Pai 1wz:** Sei lá, fiquei com pena.

**Pai 2sq:** Mas não podemos fazer nada, eles são assim.

**Mãe 2sq:** As pessoas não evoluem.

**Mãe 1wz:** A técnica chegou quando eles já eram adultos.

**Mãe 2sq:** Deixe disso, há os mais velhos que se adaptam, eles é que são muito egoístas e não levam em consideração os demais.

**Pai 2sq:** Como alguém pode não se adaptar a uma maravilha de casa inteligente como essa?

(*Escurece. Música. Interior da casa 3wy*).

**Voz em off:** A visita programada para as 19h está se aproximando da porta. Lembro que se trata do grupo de vizinhos que vem debater. A sala não está preparada para receber! Não está...

**Mãe 3xy:** Já ouvi, já ouvi, fique calado que eles vão ouvir! Que nojo de casa!

**Voz em off:** O senhor está chegando tarde.

*(Entram os vizinhos e o dono da casa correndo).*

**Todas as famílias:** Boa-tarde.

**Mãe 3xy:** Oi, como vai? Sentem-se, muito prazer em vê-los.

– Que maravilha de casa, de condomínio, vocês devem estar orgulhosos, não é? Nós estamos encantados, certo?

– Bom, na verdade...

– Para ser sincero...

– Bem, a verdade é que temos muitos problemas em casa.

– Às vezes, eu tenho medo dos eletrodomésticos.

– Eu passo o dia fazendo o que eles querem.

– Bom, chega de reclamação. Vamos ao assunto.

– Ah, sim, isso, vamos falar das férias.

– E também do horário do fechamento do condomínio à noite. Nós nos recolhemos com as galinhas.

– E desse *chip* incorporado que me envergonha aonde quer que eu vá. Conto algo que não é exato e, no meio da cafeteria, ele começa: "Isso não é assim, você não tem esse carro, as crianças têm más notas, a comida não estava boa, você está diminuindo a idade..."

– Vamos, não divaguemos, falemos das férias, que é o que está na ordem do dia.

– Eu não entendo por que cada um não pode sair de férias quando queira.

– Pois não, não pode ser, deve-se fazê-lo por ordem de antiguidade.

– Mas se nós chegamos ao mesmo tempo...

## Casas Inteligentes. Mais Que Eu?

– E, além disso, isso já nos acontece no trabalho.
– Bom, então em ordem alfabética.
– E se sobrar o inverno para nós?
– E o trabalho?
– Sinto muito, mas eu vou sair em julho.
– Não, não é tão fácil.
– Fácil ou difícil, vou sair.
– E se sortearmos?
– Também não, eu quero tirar férias em agosto e fim de papo.
– Eu já comprei as passagens de avião.
– Mesmo se você tivesse comprado o avião inteiro... Avisaram-nos bem claramente: todos ao mesmo tempo, não!
– Bem, pois então fique você.
– E se a cada ano mudarmos?
– Não, eu vou sair em julho.
– Homem, em setembro faz bom tempo.
– E em junho.
– Pois saiam vocês, eu vou sair em agosto.
– Eu, em julho.
– Não, em julho sou eu.
– Nada disso, eu vou sair em agosto.

**Voz em off:** Acabou o tempo para que vocês entrem em um acordo. Não dialogam, não sabem se coordenar, não são maduros para viver nesse condomínio, este ano todos vão ficar sem férias.

**Todas as famílias:** O quê? Como? O que você disse? Que nós o quê? Ouça...

*(Soa o alarme).*

**Voz em off:** Pede-se às visitas que saiam da casa.
– Oh! Adeus.
**Pai 3xy:** Adeus e obrigado.
**Voz em off:** Saiam, saiam, não sejam chatos (*Saem correndo*). Vocês, para a cama, para a cama. (*Apagam-se as luzes e todos correm*).
**Pai 3xy:** Não tive tempo de colocar o pijama.
**Menino 3xy:** Eu não escovei os dentes.
**Mãe 3xy:** Psit! Quieto, que o alarme vai disparar.
(*Chocam-se entre si*).
**Voz em off:** Noto movimento, para a cama, para a cama... Boa-noite, descansem.
**Menino 3xy:** Quando é amável, é muito amável, mas é autoritário também.

## Terceiro Ato

Aconteceu uma falha no sistema e tudo começou a se descontrolar: alguns só podem tomar banho; outros, dormir; outros, limpar; outros, comer; outros, praticar esportes; e assim, optam por trocar de casas, entrar e sair das diversas residências, enquanto os cães mecânicos latem e a polícia, alertada pelos alarmes, tenta manter a calma.

No final, esgotados por tanta correria, os vizinhos pedem auxílio, solicitam que o condomínio seja desligado e pedem para voltar a ser "inteligentes", "não programados", querem voltar às suas casas "bobas", recordando aquela cena tão meiga do filme *ET*, quando ele aponta para o céu com o dedo e diz a todos: "Minha casa", "minha casa".

A peça requer sons "especiais", tais como latidos, alarmes e ordens dos eletrodomésticos, que os alunos realizam com voz metálica nos bastidores, imitando as máquinas.

(*Interior da casa 4pk. Hora da refeição, parte da família está na mesa com toalha inteligente. Ao fundo, pendurado, aparece um avental inteligente*).

**Narrador:** Uma vez superados outros pequenos obstáculos, programações, férias, banhos autoritários, cortinas com vida própria, um eletrodoméstico ultra-rápido... é chegada a hora da refeição, a família pode se reunir tranqüila... ou também não?

(*Sentados na mesa, ouve-se uma voz em off saindo da toalha*).

**Voz em off:** Faltam dois guardanapos e uma colher... o pão está mal cortado...

(*Menino zombando da toalha*).

**Menino 4pk:** Faltam dois guardanapos, faltam dois guardanapos... Dedo-duro, mas que dedo-duro! Que nojo de toalha inteligente!

**Mãe 4pk:** Luís, é a terceira vez que você põe mal a mesa. Olhe o sinalizador da toalha.

**Menino 4pk:** A toalha vai saber disso, quando for minha vez de usar a máquina de lavar... porque é um dedo-duro.

(*Avental pendurado no cabide*).

**Voz em off:** Alguém quer vir à cozinha pegar a comida?

(*Silêncio, ninguém se mexe*).

**Voz do avental em off:** Mas alguém quer vir ou não?

**Pai 4pk:** Vocês não estão ouvindo a ordem do avental da mamãe? Ele está esperando.

(*Saem a mãe e o menino, resmungando para sua irmã*).

**Menino 4pk:** Eu falei para você desligá-lo.

**Avental:** Eu ouvi, eu ouvi...

(*A mãe e o menino entram com a comida. Colocam um prato para cada um*).

**Pai 4pk:** Mas o que é isso?

**Mãe 4pk:** Uma nova receita que o forno encontrou na Internet.

**Pai 4pk:** Mas só tem umas folhas... e...

**Mãe 4pk:** O forno decidiu que você tem de fazer dieta.

**Pai 4pk:** O forno decidiu o quê?

**Menino 4pk:** Que sorte! Para mim, ovo com batatas fritas.

**Pai 4pk:** E por que isso?

**Menina 4pk:** Eu é que pergunto, ele me deu peixe.

**Mãe 4pk:** O forno acha que ele é mais simpático.

**Pai 4pk:** Mas que besteira, como ele vai ser mais simpático?

**Mãe 4pk:** Claro que sim, você nunca vai à cozinha e você (*nome da menina 4pk*) nem lhe dirige a palavra. Por outro lado, (*nome do menino 4pk*) o limpa e eu falo com ele. Claro! Na hora de fazer a comida, ele tem suas preferências.

**Pai 4pk:** Isso é o cúmulo, agora tenho de conquistar o forno para não morrer de fome.

**Menino 4pk:** Papai, depois de jantar, nós vamos fazer uma visita ao forno, certo?

**Pai 4pk:** Certo. Ouço-me falando e não posso acreditar nisso. Se meus amigos me ouvirem ou virem, a gozação será enorme.

**Avô 4pk:** Não reclame, pior acontece comigo, que estive três dias na cama, porque meu aviso de telessocorro disparou várias vezes seguidas e o médico a teledistância me deixou na cama.

**Avó 4pk:** Não reclame, ele me manteve de dieta.

**Avô 4pk:** Mas se eu estou bom...

**Avó 4pk:** Eu sei, eu também estou, mas meu medidor de colesterol me acusou.

**Avô 4pk:** Espero que hoje me deixe sair.

(*A avó vai comer algo e se ouve um apito*).

**Mãe 4pk:** Vovó, esse alimento não é bom para você.

**Avó 4pk:** Mas se eu...

**Pai 4pk:** Não, não, o apito soou.

(*O avô vai fumar e soa um apito*).

**Mãe 4pk:** Vovô, você não pode fumar.

**Avô 4pk:** (*Dirigindo-se à avó*). Temos de descobrir a forma de desligar os telessocorros ou eu saio dessa casa e vou para um asilo normal, em que se pode fumar às escondidas.

**Avó 4pk:** E esconder a comida... enfim, viver!

(*É interrompida por uma voz em off*).

**Voz em off:** Os sensores da dispensa avisam que estão faltando os seguintes alimentos: leite, laranja, iogurte...

**Pai 4pk:** Ah! Não, hoje eu tenho planos.

**Menino 4pk:** E eu tenho muita coisa para estudar.

**Menina 4pk:** E eu...

**Mãe 4pk:** Sinto muito, mas temos de enchê-la ou não nos deixará dormir a noite inteira.

**Voz em off:** A máquina de lavar lembra que hoje, às 16h15, é hora de lavar as roupas coloridas.

**Mãe 4pk:** Oh, não! A que estava faltando!

**Pai 4pk:** Então, aquele que ficar estudando que ligue a máquina.

**Menino 4pk:** Mas, se não há roupa suja...

**Mãe 4pk:** Dá no mesmo, você não vai querer que ela apite toda a tarde e os vizinhos achem que nós somos porcos.

**Menina 4pk:** Estou ficando cansada de alarmes que comunicam aos vizinhos se fazemos as compras ou lavamos a roupa ou...

**Pai 4pk:** Pois é só obedecer aos eletrodomésticos e não acontecerá nada...

**Menina 4pk:** Antes tínhamos de obedecer aos pais, às leis de trânsito, aos professores... e agora, aos eletrodomésticos. Quem disse que o século XXI era um século de progresso?

**Mãe 4pk:** Bem, você fique quieta, vá às compras e coloque o vestido novo que protege do sol.

**Menina 4pk:** Mas, mamãe, ele é muito feio, quero colocar a blusa amarela.

**Mãe 4pk:** Ah, isso é que não.

**Pai 4pk:** Mas por que você não a deixa colocar?

**Mãe 4pk:** Porque o tecido é daqueles que incitam à dança, e aí ela não se concentra para estudar.

**Avó 4pk:** O quê? Um tecido incita a quê?

**Pai 4pk:** É isso mesmo, mamãe, não seja antiquada.

**Mãe 4pk:** E você, coloque a roupa que não suja para estudar e ligar a máquina de lavar.

**Avó 4pk:** Ah, olhe, eu gosto mais disso, também existe?

**Mãe 4pk:** Sim e para o seu filho, eu comprei uma camiseta que anima a fazer ginástica, vamos ver se ele se mexe.

**Pai 4pk:** Ginástica, eu?

**Mãe 4pk:** E para vocês uma outra nova que protege de tudo e reage ao calor e ao frio.

**Avô 4pk:** Não digo mais nada, já não se pode nem passar frio!

**Mãe 4pk:** Bom, eu vou ao cabeleireiro porque comprei uma roupa que potencializa minha confiança, levanta meu ânimo, refresca e aumenta o apetite.

**Voz em off:** O bolso está avisando que a senhora não pegou a carteira nem o celular.

**Mãe 4pk:** Ah, ainda bem, eu estava saindo sem dinheiro.

*(Colocam a roupa e começam a dançar, esquentar-se, fazer ginástica... obrigados, com caras de resignação ou felicidade, a avó se abanando...)*

## Quarto Ato

*(De novo a rua. Aconteceu uma avaria e tudo falha. Saem das quatro casas cada um contando sua experiência, fugindo...).*

– Não agüento mais, o dia inteiro no chuveiro. Minha pele parece uma uva-passa. Quando saio, o chuveiro volta a me chamar.

– Não reclame. Eu fico o dia inteiro pondo a mesa, senão a toalha apita e atira toda a louça na minha cabeça.

– Meu irmão passa a manhã inteira colocando a roupa na máquina, ela parece uma boca que não se sacia nunca.

– Vou ficar louco, levantei-me e me deitei 48 vezes, o despertador dispara, as cortinas abrem, as cortinas fecham, a cama se estende, apita, as cortinas abrem, a cama me empurra, as cortinas fecham... e assim sem parar.

– Vou embora, vou embora, eu não quero mais tomar café da manhã, nem agüentar a torradeira e o microondas me insultando.

– Por favor, alguém faça essa camiseta parar, não posso continuar fazendo ginástica.

– Já me disse que eu tenho os bolsos vazios 70 vezes, chega!

– Se o aspirador continuar aspirando assim, não vai engolir só os móveis, mas nós também!

– Nós só podemos dormir, a casa não nos deixa fazer mais nada.

– E nós, só comer.

– E nós, só limpar.

– E nós, tomar banho.

– E nós, praticar esportes.

**Vozes em off** *(Ratificando ordens. Apitos, sirenes...)*

– Eu vou ali dormir um pouco. *(Dirigindo-se a uma casa. Sai do palco).*

– Eu também, eu também, me espere.

– Que boa idéia, um descansinho e depois pensaremos!

– Pois eu vou comer. Os que quiserem algo, que venham.

– Espere, espere.

## Casas Inteligentes. Mais Que Eu?

– Eu também vou (*Vários correm para outro canto do palco*).

– Crianças, vamos tomar banho na casa dos 3xy.

– Nada disso, que o chuveiro não pára.

– Eu prefiro ir na casa em que se come.

– Todos aqui, imediatamente (*Persegue-os e os coloca na casa 3xy*).

– Venha, nós vamos dançar. (*Um grupo vai feliz para outro canto do palco*).

– Mas daqui a pouco trocamos, certo?

– Certo.

(*Começam a entrar e a sair das casas, cruzando-se no palco*).

– Ei, ninguém vá para a casa da limpeza.

– É claro, homem, já temos bastante com o que temos.

– Nem lhe digo, eu vou é me limpar.

(*Continuam se cruzando, enquanto os alarmes continuam tocando, até que vão ficando cansados*).

– Socorro! Por favor, alguém nos ajude.

– Desliguem o condomínio.

– Quero voltar aos velhos tempos.

– Mesmo que seja a pré-história.

– Façam-nos parar.

– Façam-nos parar.

– Quero ser mais inteligente que a minha casa.

– Não quero que me programem.

– Quero ser livre.

**Todas as famílias:** Minha casa (*Apontando e imitando o ET*). Minha casa. Minha casa.

# Dramatização 4

# Sem Meu Telefone Celular, Não.

O celular adquire vida e nos conta sua trajetória. Transmite-nos suas vantagens, seus inconvenientes e nos torna partícipes de seus sentimentos, assim como de sua assombrosa evolução técnica.

Mediante uma única cena com muito movimento de atores, jogos de luz e intervalos musicais que permitem a rotatividade de personagens sem baixar a cortina, são parodiadas situações diárias vividas na sociedade, com o surgimento e a imposição desse pequeno artefato.

Toda a peça transcorre em um ponto de ônibus pelo qual passam diversos personagens, assim como o próprio ônibus.

No ponto, fala-se do celular como organizador de casas inteligentes, máquinas de fotos e inclusive como adorno e complemento de vestuário, e ocorrem discussões entre viciados e não viciados no aparato.

As sucessivas chegadas do ônibus, formado por um motorista com um aro como volante e os passageiros apoiados em cadeirinhas que avançam dançando ao som da música que marca as paradas e a inclinação do ônibus, favorece a mudança de personagens que sobem e descem dele.

Mais tarde, o ônibus permanece na cena, na troca dos personagens que sobem e descem nos intervalos musicais em que se imita o movimento do ônibus. Ali ocorrem equívocos por causa de conversas "viva-voz", fofocas, enganos a terceiros, descobre-se a norma imposta pelo motorista, que divide o ônibus em zonas de "falantes" e "não falantes", introduzindo uma ética que proíbe fazer uso das informações ouvidas "por acaso".

A interação do ônibus inteiro nas conversas particulares leva a situações cômicas que nos lembram cenas vividas e ouvidas diariamente em meios de transporte, nas ruas, nas salas de espera, bem como nossas próprias atitudes.

A peça termina com o pesar do celular, sua depressão por ter causado mortes, feridos e dor e de ter sido mal utilizado, recordando atentados e apoiando as vítimas do terrorismo. Vê-se aliviado quando se abre um horizonte de solidariedade, de apoio, comunicação, mobilidade social, que foi criado graças a ele e que atinge uma capacidade não conhecida antes. Assim, todos os atores enviam mensagens junto com o público, secundados pela indicação "passe adiante", "passe adiante" que invade o teatro.

Sem Meu Telefone Celular, Não.

**Personagens:**
- *Motorista de ônibus*
- *Apresentador (vestido de telefone celular)*
- *Mãe*
- *Filho*
- *Meninos e meninas*

**Cenário:**
- *Fundo com telefones celulares*
- *Ponto de ônibus*

**Celular (apresentador):** Olá, vocês me reconhecem? Quem eu sou? Anos atrás, alguns companheiros seus que já estão na faculdade contaram a vocês algo a meu respeito. Eu começava então a ser famoso. Todos queriam me possuir e, quando se ouvia uma música, pensavam que era seu celular que chamava e, agitando os bolsos e casacos, diziam: "É o meu", "é o meu", "não, é o meu". Mas aquilo já é ultrapassado. Vou contar-lhes minha história desde então:

Hoje, ninguém mais briga para ver se é o seu ou não que toca. Que nada! Agora cada um tem seu toque personalizado e, por exemplo, ninguém que é torcedor do Corinthians pensa em pegar seu telefone se o que está tocando é o hino do Palmeiras.

Assim, se alguém está em uma sala de espera, fica muito entretido ouvindo Skank, Calypso, Xuxa, o hino da alegria, um noturno de Mozart, uma piada ou Roberto Carlos, e terá uma tarde inteira de música grátis e variada.

Isso não é tudo. Vocês verão como eu, eu sozinho, olhem bem, eu sozinho dei um jeito de mudar tudo: a comunicação, a informação, a organização social e cultural e até a política! Vocês não acreditam? Então verão. Converti-me em um enfeite, estou na moda. Os melhores *designers* me desenham.

Sou imprescindível porque dirijo a casa inteligente, os eletrodomésticos a distância, a segurança, o aquecimento, dou ordens à cozinha, às cortinas, ao banco, compro...

Eu me impus, tenho minha linguagem. Além disso, ninguém pode viver sem mim. Como vocês vêem, eu mudei a vida.

(*Ponto de ônibus. Várias pessoas – de acordo com o número de atores – esperam, enquanto comentam e "criticam" outras pessoas que passam por ali e utilizam seus celulares*).

– Você reparou? O Luís tem um telefone com câmera de resolução 1,3 megapixel e memória RS multimídia.

– Deixe de besteiras, o que isso importa? Ele tem um celular com infravermelho, 300 minutos de conversação e 250 horas de espera... Me deixa louca!

– Não me diga que o vestido da Ana não é maravilhoso, deve ser de grife.

– Não estou nem aí! Não dá pra ver seu telefone, isso quer dizer que não é de terceira geração, deve ser um telefone analógico.

– O que você está me dizendo? Um telefone analógico, que antiquada! Ela o esconde por algum motivo.

– Em compensação, veja que maravilha é o da Inês, que cromatismo fazendo jogo com o vestido.

– Mas, por favor, quem pensa em pendurá-lo assim pelo pescoço? Esse modelo deve ser usado no pulso. Ela nunca soube se vestir!

– Você não viu outro dia aquele estilista explicar como se deve usar e o modelo certo para cada ocasião?

– Sim, é que as pessoas não distinguem um esportivo de um modelo de noite.

– Falando em noite, me desculpe, mas eu tenho de ligar o aquecimento, pois logo a casa vai ficar fria.

– Eu vou aproveitar para ver como está o assado e ligar a secadora.

– É que, se eu me esqueço, ele fica tocando e isso me incomoda.

– Ah, isso não é nada, ontem eu me esqueci de telefonar para o forno e ficamos sem jantar.

– Pois outro dia, eu liguei duas vezes para a máquina de lavar e a roupa encolheu toda.

– No final de semana, tivemos de ir ao restaurante porque não dei ordem de compra.

– Vou marcar um passeio para amanhã e reservar um restaurante no caminho.

– Ah, olhe, vou lhe mostrar meu sobrinho, olhe que lindo.

– Vamos ver se o ônibus está chegando, telefone a ele para saber onde está.

– Ah, já está aqui.

*(Aparecem os personagens formando um ônibus. Um motorista uniformizado com um aro como volante e os demais sustentando uma cadeira sobre a qual se "sentam". Movem-se ao som da música, inclinando-se nos pontos tal como fazem os ônibus modernos).*

(*No ponto, alguns personagens mudam. Um sobe no ônibus e ocupa a cadeira deixada por outro menino que desce e espera sua mãe ali. O ônibus abandona a cena, sempre seguindo a música*).

**Mãe:** Você desligou o celular, que isso não volte a ocorrer! Sua mãe sempre tem de saber onde você está, entendido?

**Filho:** Mas, mamãe, eu não quero isso.

(*As outras pessoas que estão no ponto intervêm na conversa entre mãe e filho*).

– Como não? O celular serve para isso, para que todos nos controlemos e saibamos onde estamos a todo momento.

**Mãe:** Claro, e para estar sempre localizável.

– Mas isso não é bom, estressa, agoniza. E a intimidade?

– Falou a antiquada.

– O importante é a comunicação e a segurança.

– Eu preciso saber se o menino não está metido em algazarra.

– Não vamos esperar até que chegue em casa para contar as coisas. Deve-se saber tudo imediatamente.

– Isso de esperar já está ultrapassado.

– Pois eu acredito que a liberdade...

– Claro, com a educação que você está dando a seu filho...

– Vai se converter em um marginal.

**Filho:** E se eu ficar sem bateria?

– Isso já não é desculpa, querido, a bateria avisa com 12 horas de antecedência quando vai acabar. Vá procurando outra desculpa para não ser controlado... porque essa...

**Mãe:** Bom, que tal foi a prova?

**Filho:** Mais ou menos, eu não sabia algumas coisas.
**Mãe:** Como não? Ficamos no telefone repassando até o último momento! Claro, se você não tivesse desligado! Vamos ver, o que lhe perguntaram?
**Filho:** Pois então. O que era: tribanda, conexão, SMS, tarifa plana, operadora, bateria, cobertura, megapixel, resolução...
**Mãe:** Mas, se nós estudamos isso, esse menino não presta atenção!
– No colégio do seu filho ensinam isso?
**Mãe:** Claro, o que você quer que eles ensinem?
– Sei lá, língua, matemática, geografia...
– Por favor! A qual colégio você está levando a pobre criatura? Tudo isso a respeito da informação já está no celular. Para que vai querer isso? Em todo caso, a nova gramática de conversação telefônica, as abreviaturas, a nova ortografia, essas coisas, nova linguagem, mas o restante...
**Mãe:** Eu... disseram-me que o colégio era bom.
– Você ouviu? Ela leva o menino a um colégio em que ensinam matemática, música e essas coisas...
– Que horror!
– Você vai converter o menino, além de marginal, em um analfabeto.
– Sobre o que ele vai falar com os amigos?
–Como vai se comunicar?
– Como vai trabalhar?
– Mude de escola imediatamente!
*(Saem de cena).*

**Celular (apresentador):** Nessa época, não há nenhum problema técnico comigo, eu só provoco problemas de convivência. As pessoas se dividiram entre viciadas a mim ou detratoras (estas são poucas e levam a pior). Vocês vêem o que eu lhes disse?

(*Entram dois novos personagens que se dirigem ao mesmo ponto, mantendo um diálogo*).

– Oi, bom-dia. Você sabe se faz tempo que o ônibus passou?

– Acho que faz um pouquinho, não percebi, estava verificando a caixa postal.

– Olhe, aí vem o ônibus, continue o que você estava dizendo.

– Não posso, vou lhe contar outro dia, você sabe que eu me sento na zona de "não falantes".

– Filha, é que vocês "não falantes" se tornaram uns fanáticos! Como se pode proibir falar por telefone?

– É que não há quem agüente, é contra a saúde, é preciso silêncio para pensar, relaxar...

– Bobeira! Intransigentes, isso é o que vocês são.

– O que somos é falantes passivos e os médicos disseram que isso é tão grave como ser falante ativo.

– O que sabem os médicos? Se são os primeiros que carregam o celular no bolso.

– Mas isso cria dependência.

– Dependência? Eu poderia ficar horas sem usá-lo; mais ainda, podia até abandoná-lo.

– Pois então se sente comigo na zona de "não falantes".

– Ah, não, isso não. Não quero contribuir para essa sociedade de proibições e normas. Nada disso. Vai chegar um momento em que tudo será proibido. Venha você a minha e incorpore-se à vida moderna. Antiquada, mas que antiquada!

– Antiquada, eu? Sou progressista, o progresso agora é pensar.

(*O ônibus volta a aparecer em cena. Dessa vez, rodeia o ponto e pára em frente ao público. Uma zona do ônibus é a zona de "falantes", outra, a de "não falantes"*).

**Motorista:** Lembro aos senhores que só é permitido falar com celulares em algumas zonas do ônibus. Lembro também que a zona de "não falantes" deve permanecer em silêncio para não atrapalhar as conversas dos falantes. Tudo o que se ouvir no ônibus permanecerá em segredo e não se poderá fazer uso de nenhuma informação ouvida durante o trajeto, sob pena de R$ 130,00, segundo o artigo 28/3 do Código Penal. Por último, lembro aos não falantes que eles têm a obrigação de pensar, que para isso é feito o esforço de deixar uma zona para eles. É proibido dormir, devem pensar, do contrário perderão a zona, que passará para o domínio dos falantes, ou zona de "não pensantes".

(*Produzem-se diálogos entre os viajantes do ônibus, sentados juntos*).

◆ *Diálogo 1*

**Menino(a) A:** Você quer se levantar, seu chato?

**Menino(a) B:** Ouça, eu me levanto se quiser e se você me pedir por favor. Que falta de educação!

**Menino(a) A:** Levante-se já, animal! (*Falando pelo telefone*).

**Menino(a) B:** Você não me insulte.

**Menino(a) A:** Não morda o assento. (*Falando pelo telefone*).

**Menino(a) B:** Não mordo o quê?

**Menino(a) A:** Levante-se. (*Falando pelo telefone*).

**Menino(a) B:** Ouça, eu...

**Menino(a) A:** Levante-se. (*Falando pelo telefone*).

(*Levanta-se*).

**Menino(a) A:** Espere, que este senhor quer sair (*Falando pelo telefone*).

**Menino(a) B:** Não, eu não quero sair.

**Menino(a) A:** Mas você quer sair ou não?

**Menino(a) B:** Eu não.

**Menino(a) A:** Então?

**Menino(a) B:** Você me mandou levantar.

**Menino(a) A:** Eu? Ah, me desculpe, não era para você, é que eu estou falando com meu cachorro e, como tenho telefone viva-voz...

**Menino(a) B:** Você está falando com o seu cachorro?

**Menino(a) A:** Sim, instalei um sensor na coleira e, quando eu telefono, ele atende. Estou maravilhada.

**Menino(a) B:** Telefone celular de animais! Vamos ficar loucos.

◆ *Diálogo 2*

**Menino(a) 1:** Uma bomba, é uma bomba!

**Menino(a) 2:** Todos para o chão!

**Menino(a) 3:** Não, não, fora do ônibus.
**Motorista:** Calma, senhores, não se concentrem nas portas.
**Menino(a) 4:** Alguém ligue para a Emergência.
**Menino(a) 5:** Não todos, senão entramos em colapso.
**Menino(a) 6:** Mas quem colocou a bomba?
**Menino(a) 7:** E isso importa, agora? Corra e depois você se informa.
**Menino(a) 1:** É uma bomba, é uma bomba!
**Menino(a) 8:** Ligue para a Emergência.
**Menino(a) 9:** Ligue para os Bombeiros.
**Menino(a) 10:** ... o Esquadrão Antibombas.

(*Todos vão saindo do ônibus e se atirando ao chão, menos os "não falantes", que permanecem em seus lugares*).

**Menino(a) 1:** Ouça, vou desligar, porque não sei o que aconteceu enquanto eu estava falando com você e tenho de ligar para a Emergência.

**Menino(a) 2:** Como é que você não sabe o que aconteceu, se foi você quem avisou que havia uma bomba?

**Menino(a) 1:** Eu? Mas o que você está dizendo?

**Menino(a) 3:** Claro que sim. Você gritou: "É uma bomba!"

**Menino(a) 1:** Era isso? E por isso armaram toda essa confusão? Vocês são uns fofoqueiros, se não escutassem as conversas alheias...

**Menino(a) 4:** Mas você gritou: "Uma bomba!"

**Menino(a) 1:** Claro que é uma bomba. Meu irmão, que depois de dez anos resolveu se casar, é a bomba do século.

**Menino(a) 5:** Quer dizer que não há bomba?

**Menino(a) 1:** Ah, sei lá. (*Ao telefone*). Não, não se preocupe, parece que foi um alarme falso, uns histéricos que acreditaram que havia uma bomba. Existe cada pessoa no mundo... São paranóicos.

(*Vão subindo de novo no ônibus, com sinal de alívio*).

**Menino(a) 6:** Somos o quê?

**Menino(a) 1:** Paranóicos.

**Menino(a) 7:** Eu vou matá-lo, por pouco não me dá um enfarte.

**Motorista:** Bom, vamos nos acalmar, é melhor que tenha sido assim.

**Menino(a) 8:** Ei, os "não falantes" não desceram.

**Menino(a) 9:** É verdade, por que não desceram?

**Menino(a) 10:** Que valentes!

**Motorista:** Insensatos, diria eu! Por que não desceram?

**Menino(a) 11:** Não podemos. Segundo a lei, não podemos. Artigo 30/2. Não podemos ouvir as conversas.

**Menino(a) 12:** E, segundo o artigo 28/3, não podemos fazer uso do que ouvimos por acaso.

**Motorista:** Mas vocês podiam ter morrido.

**Menino(a) 11:** É, mas a legislação...

**Menino(a) 8:** Vocês não escutaram sobre a bomba?

**Menino(a) 11:** Sim, mas era informação restrita.

**Menino(a) 12:** Não podíamos fazer uso dela.

**Menino(a) 11:** Não podíamos tê-la ouvido.

**Menino(a) 6:** Estamos todos loucos. Isso não pode ser normal.

**Motorista:** Bom, senhores, vamos continuar. Não aconteceu nada.

**Todos:** Como não?

**Menino(a) 7:** Eu vou matá-lo, deixe estar.

◆ *Diálogo 3:*

(*Monólogo ao telefone. Entre as frases, há um momento de silêncio que equivale à resposta do interlocutor*).

**Menino(a) A:** Oi! O que eu estou fazendo? Nada, mamãe, o que você quer que eu faça, aqui estudando, aborrecido... Barulho? Que barulho?. Não é nada, é que minha janela está aberta e dá pra ouvir a rua.
Frio? Não, não, prefiro que o ar entre, me ajuda a estudar.
Certo, tchau, mamãe.

◆ *Diálogo 4:*

(*Monólogo por telefone*).

**Menino(a) B:** O que eu estou vestindo? O vestido vermelho de que você gosta tanto e o chapéu. (*Está vestida de forma totalmente diferente*). Claro, coloquei por isso.

◆ *Diálogo 5:*

(*Monólogo ao telefone*).

**Menino(a) B:** Ufa, atchim, atchim... Desculpe-me, é que eu estou com uma gripe! Desculpe-me por não poder acompanhá-la.
Sim, sim, claro, na cama, bem coberto e tomando de tudo. Aborrecidíssimo. Você não sabe como lamento não acompanhá-la.

Sim, claro, você tem razão, o importante é que eu me recupere.

E você, o que está olhando? As pessoas se admiram com tudo.

(*Discutindo com o vizinho, que olha para ele espantado*).

◆ *Diálogo 6:*

**Menino(a) D:** (*Ao telefone*). Pois então, outro dia estavam me contando como funciona essa nova almofada interativa.

**Menino(a) E:** Ei, não é o seu ponto?

**Menino(a) F:** Quieto!

**Menino(a) D:** (*ao telefone*). Você vai ver, é uma almofada comunicativa.

**Menino(a) E:** O seu ponto vai passar.

**Menino(a) F:** Quieto.

**Menino(a) D:** (*ao telefone*) Ela esquenta, se ilumina e dá abraços.

**Menino(a) E:** Mas está chegando.

**Menino(a) F:** Fique quieto.

**Menino(a) D:** (*ao telefone*) Tem uns braços, responde à ligação que você faz se iluminando.

**Menino(a) E:** Se você passar, vai chegar tarde.

**Menino(a) F:** Fique quieto de uma vez, você não me deixa escutar.

**Menino(a) D:** (*ao telefone*). Se telefonam para você, você toca um dos braços da almofada. São gêmeas, ou seja, duas: uma fica com o que telefona e a outra, com o que recebe a chamada, a milhares de quilômetros.

**Menino(a) E:** Poxa! E passou de ponto.

**Menino(a) F:** Escute, é interessantíssimo.

**Menino(a) G:** Escute, não era esse o ponto do seu amigo?

**Menino(a) E:** Sim, mas ele não quis descer. Está hipnotizado.

**Menino(a) G:** Pirado de tudo, diria eu, olhe que cara de satisfação.

**Menino(a) D:** (*ao telefone*). Estou dizendo, você aperta o braço da sua almofada e a outra esquenta, e quando responde...

**Menino(a) E:** Você está bem?

Menino(a) **F:** Oh, você me fez perder a parte interessante. Por favor, você poderia repetir o que disse? (*Dirigindo-se ao que fala no telefone*).

**Menino(a) D:** Como? Repetir o quê? Você é um mal-educado e um fofoqueiro.

**Menino(a) F:** Não, por favor, não foi culpa minha, é esse meu amigo que é um porre.

**Menino(a) D:** (*ao telefone*). Não, aqui tem uma pessoa que está me pedindo para repetir o que eu disse. Onde já se viu tamanho descaramento?

**Menino(a) F:** Por favor, pense que uso o ônibus como lugar de informação, aqui fico sabendo de tudo, ele substitui a biblioteca, é que eu não tenho tempo de estudar.

**Menino(a) D:** Ouça, mas eu...

**Menino(a) F:** Não me deixe sem saber o final, ou de nada valeu eu não ter descido no meu ponto.

**Menino(a) D:** Você passou de ponto?

**Todos os passageiros:** Sim, sim, sim.

**Menino(a) F:** Não ia ficar sem o final.
**Menino(a) E:** E o próximo ponto se aproxima.
**Menino(a) F:** Por favor, por favor.
**Todos os passageiros:** Repita, repita.
**Menino(a) D:** Bem, pois o que responde pega sua almofada pelo braço e esta, muito quentinha, o envolve, abraça e lhe diz palavras carinhosas.
**Todos os passageiros:** Oh, oh!
**Menino(a) F:** Muito obrigada, tchau, eu vou descer.
**Menino(a) G:** Mas isso lhe parece normal?
**Menino(a) F:** Se você soubesse quantas vezes que eu fiquei sem saber o final porque tinha de descer...
**Menino(a) G:** Vou descer, até amanhã.
**Menino(a) F:** Mas nós não chegamos, ainda faltam dois pontos.
**Menino(a) G:** (*Uma passageira faz menção de descer enquanto fala pelo telefone*). Sim, mas quero saber se ela vai fazer as pazes com o namorado ou não.
**Menino(a) F:** Mas...
**Menino(a) G:** Já vou, que ela está descendo e eu não quero perder o final.

◆ *Diálogo 7:*

**Menino(a) H:** (*ao telefone*). Oi, estou ligando porque a reunião está demorando e eu não vou chegar para o jantar. Mande lembranças aos meninos.
**Menino(a) I:** (*ao telefone*). Ah, não se preocupe, eu ia ligar para você, porque me pediram que revise uns relatórios e eu também não posso ir. Vou ligar para a *baby-sitter*.

**Menino(a) H:** (*ao telefone*). Você não sabe como eu lamento, mas essas reuniões são intermináveis.

**Menino(a) I:** Eu entendo, vou desligar porque meu chefe está chamando.

(*Levanta-se e se dirige à porta*).

**Menino(a) H:** Tchau, vou voltar à reunião.

(*Levanta-se e se dirige à porta. Encontram-se*).

**Menino(a) I:** Mas você?

**Menino(a) H:** Como?

**Menino(a) I:** Então, uma reunião?

**Menino(a) H:** E você, uns relatórios?

**Vários:** Agora ela se deu mal!

**Outros:** Não, ela ainda vai se dar mal.

(*Esses personagens descem. O ônibus fica escuro e o celular aparece, dirigindo-se ao público*).

**Celular (narrador):** Meu futuro é fantástico, serei a única máquina. Adeus câmera de fotos, adeus vídeos, adeus computadores, adeus agendas... Eu sozinho servirei para tudo.

E eu salvo vidas! Vocês sabiam? Quando as pessoas estão em perigo, se perdem ou sofrem um acidente, graças a mim pedem auxílio, mesmo que não tenham saldo! Colocaram-me um número grátis...

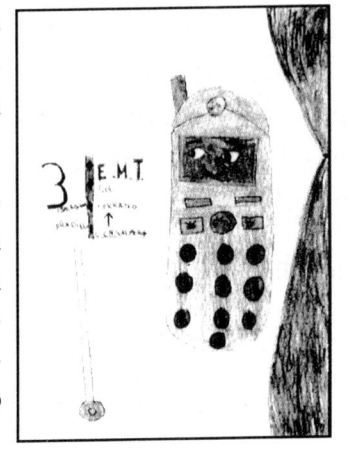

Ah, e até pelo sinal encontram os delinqüentes, e eu já salvei pessoas trancadas ou enterradas em terremotos... eu concorro com os cães de guarda e até ganho deles!

Eu tenho uma coisa ruim. Eu não, pois eu sou perfeito, o que acontece é que as pessoas não sabem inventar nada que sirva apenas para o bem. Aconteceu algo comigo que me deixa muito triste. Utilizaram-me para matar. Utilizaram-me para ativar bombas. Desde então, embora vocês me vejam animado, na verdade estou deprimido, sinto-me muito triste. Espero que isso não volte a acontecer e que nunca mais eles pensem em me usar para coisas assim. Vocês têm de me prometer que me ajudarão nisso. Eu sou tão lindo e útil! Abusaram de minha ingenuidade e me sinto enganado. Quero mandar um abraço a todas as crianças que sofreram, porque as pessoas me utilizaram mal.

Temos de pensar em algo que me anime, que faça com que eu me sinta bem, útil.

Tenho uma idéia. Vocês sabem que eu também transformei as relações sociais? Consigo mover as massas, organizo espontaneamente milhões de pessoas, por meio de mensagens SMS. Chamam-se multidões inteligentes.

Vamos fazer isso? O lema é: "Os amigos de meus amigos são meus amigos".

Que tal se vocês me utilizarem para mandar mensagens positivas que tornem o colégio e o mundo melhor? Sobretudo os relacionamentos e os recreios. Os professores me disseram que vocês querem melhorar, ajudar.

Então, vamos fazer a corrente do "passe adiante, passe adiante".

(*São criadas mensagens que as pessoas vão dizendo, acompanhadas do "passe adiante, passe adiante", introduzindo e implicando também o público neste final*).